KB167883

한반도 특강

한반도 특강

2020 대전환의 핵심현안

곡절 많은 우리 현대사에서도 2018년은 매우 특별한 해로 기억될 것
이다. 2018년이 저물기까지 아직 꽤 많은 시간이 남았지만, 2월 평창 동
계올림픽에 북한 대표단이 참여하고, 4월부터 다섯달 안에 세차례나 남
북정상회담이 진행되고, 6월에는 수십년의 적대관계를 유지하고 있는
북미가 첫번째 정상회담을 가졌다. 엄청난 역사적 사건들이 짧은 시간
내에 이어지면서 70여년 동안 분단의 질곡을 짊어지고 살아온 한반도
민중들은 드디어 새 시대가 열리고 있다는 사실을 실감하고 있다. 물론
역사적 전환을 목격하며 다소 흥분되었던 감정은 우리 앞에 놓인 길이
평탄하지만은 않다는 현실을 인식하게 되면서 조금씩 가라앉았던 것도
사실이다. 처음 예정된 북미정상회담이 취소되는 일을 겪었고, 그후 곡
절 끝에 정상회담이 진행되었지만 후속조치를 논의하기 위한 협상에서
뚜렷한 성과를 거두지 못했고, 한반도 평화프로세스를 어떤 방식으로

진행할 것인가를 둘러싸고 기싸움이 반복되었다. 이렇듯 한반도 정세는 교착과 진전이 엇갈리고 있는데, 2018년의 남은 몇달에 어떤 국면이 전개될지 예단하기 어려운 상황이다.

그 때문에 격동하는 한반도 정세를 더 정확하게 이해하고자 하는 바람도 높아지고 있다. 역사적인 무더위가 한창 기승을 부리기 시작한 2018년 7월 21일, 28일 양일간 창비학당 연속 특강 '2020 한반도 팩트체크'에 100여명의 청중들이 운집해서 폭염을 무색하게 하는 뜨거운 열기 속에 강연과 토론이 진행될 수 있었던 이유도 여기에 있다. 이때 진행된 이종석 전 통일부장관, 박영자 통일연구원 북한연구실장, 김동엽 경남대 교수, 김준형 한동대 교수, 송민순 전 외교부장관, 정세현 전 통일부장관 등 한반도 문제의 최고전문가 6인의 강연을 기초로 『한반도 특강: 2020 대전환의 핵심현안』을 묶어 독자들에게 선보인다.

이 책의 내용은 김정은시대 북한의 변화상과 주민들이 생활방식, 한반도 비핵화와 관련된 주요 정치군사적 쟁점, 주변 강대국들의 한반도 정책과 외교전략, 한미동맹에서 통일에 이르기까지 한반도 대전환의 핵심적인 키워드 등 우리의 미래에 큰 영향을 미치는 쟁점들을 망라하고 있다. 강연을 마련하면서는 급박하고 단기적인 현안보다는 대략 2020년 전후를 내다보면서 향후 2~3년 안에 놓인 우리의 과제가 무엇이고 그것을 어떻게 풀어나갈 것인가 하는 중기적 관점을 요청했고, 그런 원칙하에서 강연이 진행되었다. 그후 강연자들은 정리된 원고를 토대로 진전된 상황을 반영하고 부족한 부분을 보충하며 최종 원고를 완성했다. 그뿐만 아니라 이 책은 이틀에 걸쳐 총 10시간 동안 6차례의 강연을 진지하게 듣고 활발하게 질문과 의견을 주신 청중들의 열기 또한 고스란히 담고 있다. 그동안 한반도 정세에 대한 많은 논의들이 있었지만 이처럼 밀도 높은 강연과 토론이 진행된 경우는 드물다고 자신한다.

특강이 진행된 이후에도 한반도에는 적지 않은 변화가 있었고 또 새로운 전환점을 맞이하고 있다. 한반도 정세가 4월 남북정상회담과 6월 북미정상회담까지는 평화프로세스의 시작을 위한 동력을 형성하는 양상이었다면, 이제는 실질적인 문제를 해결하는 단계로 진입했다. 그만큼 진전에 대한 저항도 커지고 있다. 분단체제 안팎에서 분단체제를 이용하여 자신의 기득권을 유지해온 세력들이 사태의 진전을 지켜보고만 있을 리 만무하다. 이렇게 본다면 교착국면도 진전이 있었기 때문에 출현한 것이며 우리가 의기소침할 일은 아니다. 그럴 때일수록 오히려 정세를 냉정하게 관찰하고 결의를 다져야 한다. 수십년간 뿌리를 내린 분단체제를 극복해가는 일이 한두개의 사건으로 이루어질 리 만무하기 때문이다.

특히 최근의 정세는 한반도의 변화를 이끄는 주인이 남과 북이어야 한다는 점을 다시 일깨워준다. 한반도 문제보다 다른 문제를 매번 앞세우는 미국이 다양한 이해관계 속에서 한반도 대전환에 얼마나 집중할 수 있을지 의문이 제기되지 않을 수 없다. 최근의 많은 혼란도 여기에서 비롯된다. 중국도 한반도 대전환 자체보다 자신의 이해관계에 미치는 영향에 더 민감하게 반응하는 인상을 주곤 한다. 결국 한반도에 대한 국제적 이해관계를 명확하게 인식하는 동시에 남북관계가 한반도 문제를 해결해가는 주요 동력으로 작용할 때에만 한반도 대전환을 이룰 수 있다. 2018년 들어 세번째로 진행된 남북정상회담으로 우리는 그 방향으로 한걸음을 더 내디뎠다. 이번 정상회담에서 합의된 바와 같이 김정은 국무위원장의 서울 방문이 성사되면 우리는 1단계 통일인 남북연합의 시대로 진입하게 될 것이다. 그사이에 혹시 어떤 어려움이 생긴다고 우리 힘으로는 어쩔 수 없다는 숙명론에 빠지거나 누가 우리 일을 대신해주겠지라는 요행론에 기대는 것은 이 중대한 국면에서 우리가 가장 경계할 태도다. 남북이 주인으로 서면 극복하지 못할 어려움은 없다. 뜨거운 열정이 담긴 이 책이 이에 지혜를 보탤 수 있기를 바란다.

강연회를 기획하고 진행한 창비, 창비교육, 세교연구소 등의 주최 측과 짧은 기간에 입말을 읽기 좋은 글말로 만들어주신 편집자들에게 감사를 표한다. 좋은 강연을 준비하고 원고를 꼼꼼히 검토하면서 보완해주신 여섯분의 필자들과 열성적으로 행사에 참여해주신 청중들께도 다시 감사드린다. 이 모든 열정들이 현재 진행되고 있는 한반도 대전환의 밑거름이 되고 있다고 믿는다.

2018년 10월 1일
이남주

차례

1

변화하는 북한
어떻게 볼 것인가

이종석 李鍾奭

성균관대학교 행정학과를 졸업하고 동대학원 정치학과에서 박사학위를 받았다. 2000년
6·15 남북정상회담에 대통령 특별수행원으로 참여했으며 국가안전보장회의(NSC) 사무
차장, 제32대 통일부장관 겸 국가안전보장회의 상임위원장 등을 역임했다. 미국 스탠포
드 대학교 방문학자, 중국 베이징 대학교 초빙교수를 지냈다. 남북한 관계, 북한·중국 관
계가 주전공이며, 동아시아 국제관계 및 한국 외교안보의 방향과 관련해서도 4년간의 현
장경험과 함께 많은 관심을 갖고 있다. 1994년부터 세종연구소에서 일해왔으며 현재 수
석연구위원으로 재직 중이다. 지은 책으로 『북한-중국 국경: 역사와 현장』『칼날 위의 평
화』『한반도평화통일론』『통일을 보는 눈』『북한의 역사 2』『새로 쓴 현대 북한의 이해』
『북한-중국관계 1945-2000』 등이 있다.

2020
한반도

북한, 얼마나 바뀌어야 우리와 가까워질 수 있을까

저는 노무현정부 시절에 3년간 NSC(국가안전보장회의)에서 일했습니다. 북한 사람들이 보기엔 자신들에 대한 정보를 한국에서 가장 많이 아는 사람이었지요. 통일부장관 시절엔 북한 사람들과 협상을 벌이기도 했고요. 국내에서는 학자로서 제가 북한을 잘 안다고들 했지만, 사실 자신이 없는 경우가 많았습니다. 북한 관련 정보에 대해서도 그 정보가 과연 북한 사람들 입장에서 어떻게 읽힐지는 판단하기 쉽지 않았거든요. 그들은 해마다 또다른 모습을 선보이고 있기 때문입니다. 사실 학자에게는 정보보다 그 정보들을 유기적으로 연결하여 법칙성이나 경향성을 찾아내는 지식이 중요하다고 봅니다.

요즘엔 북한의 권력구조나 내부 연구보다는 남북관계나 북중관계,

동아시아를 주로 연구하고 있습니다. 그러면서도 매일 『로동신문』을 보면서 북한의 여러 상황을 체크하고 있지요. 이 글에서는 북한 연구자라는 정체성을 갖고 말씀드리고자 합니다.

변화하는 북한을 어떻게 볼 것인가. 북한이 계속 바뀌어가고 있다는 사실에 대해서는 저 또한 동의합니다. 그렇다면 북한의 변화를 어떻게 읽을 수 있는지, 여기서는 주로 그 방법론 중에서도 '읽기'를 중심으로 살펴보겠습니다.

먼저 변화라는 말의 의미를 다같이 생각해봤으면 해요. '봄이 왔네!'라고 말할 때의 의미는 추운 겨울이 따뜻한 봄으로 바뀌는 징조를 느낄 수 있다는 거죠. 변화란 지배적인 일반 현상 속에서 뭔가 새로운 현상들이 처음에는 간헐적으로 나중에는 지속적으로 어떤 경향성을 보이며 나타나는 것을 말합니다. 그 새로운 현상이 기존의 지배적인 현상을 잠식하면서 새로운 것이 될 수 있을 만한 지속성과 확장성을 얻는 것이죠. 이러한 변화를 읽을 수 있다는 건 당장의 앞일을 예측할 수 있다는 뜻이니, 한 개인에게는 그 사람의 역량을 강화하는 데, 어느 정부와 국가에는 그 공동체의 미래를 전망하는 데 매우 중요한 자산입니다.

북한의 변화도 예외일 수 없죠. 주위 사람들에게 북한의 변화에 대해 물어보면 각양각색의 답이 나올 겁니다. 그 반응들은 대략 이 정도로 정리할 수 있겠어요. 일단 휴전선상에서 남한과 투닥거리던 북한이 더이상 호전적인 행동을 안 한다고 해요. 북한이 남북관계에서 평화를 증진하려 하거나 대외관계에서 진일보한 모습을 보여주면 호전성이 줄어들어 보이는 거죠. 호전성이 감소되면 이후 남북관계에 중요한 영향을 미치잖아요.

근래 들어 군사적 측면의 변화 중에 가장 극적인 것은 북한의 비핵화 의지 표명입니다. 북한이 핵을 포기하길 바라거나 평화로운 한반도를 꿈꾸는 분들이라면 여기에 주목했을 것입니다. 어쨌든 우리가 말하는 북한의 변화는 주로 군사안보 차원, 평화 차원의 변화였습니다.

또 하나는 평양 다녀온 분들의 입에서 언급되는 북한의 변화입니다. 평양의 거리에 가봤더니 사람들이 꽤 개방적으로 바뀌었대요. 중국에 가서 이야길 들어보니까 북한 사람들이 전과는 달리 덜 까다롭게 자본주의 방식으로 결제해주는 등 여러 면에서 나아졌다고 합니다. 시장도 옛날식 장마당이 아니라 종합시장으로 커졌고 거기서 세금도 받으면서 어찌 보면 장삿속이 노골적으로 드러나는 사회, 달리 보면 매우 정확하게 계산하는 사회로 바뀌고 있다는 겁니다. 이처럼 많은 이들이 북한이 시장화하는 모습이나 대외무역에서 탈바꿈한 모습을 주로 이야기합니다. 바로 경제개방이라는 변화입니다. 이전부터 특히 경제학자들은 북한이 경제개방에 나서면 북한의 체제가 전반적으로 달라질 거라고 보았지요.

여기에 더해 정치체제의 변화도 언급됩니다. 많은 이들이 김정은 위원장이 저렇게 일인독재를 하는 한 아무것도 변한 게 없는 것 아니냐고 이야기하죠. 그렇지만 김일성, 김정일의 선대 정치와는 또다른 면모를 보여주고 있는 것 또한 사실입니다. 여전히 3대 세습의 권력구조이지만 흥미로운 것은 자신들의 정치과정을 이전보다 자주 공개하고 이를 제도화해가고 있다는 것입니다. 이에 대해서는 뒤에서 좀더 이야기해보겠습니다.

북한의 변화를 어떤 잣대로 보느냐고 물어보면 이처럼 다양한 의견이 속출합니다. 어느정도 바뀌어야 북한이 변화했다고 보는지를 물어도 다종다기한 답이 나올 수 있고요. 크게 보면, 북한의 변화를 보는 눈은 안보와 평화 차원에서, 그다음에는 경제 차원에서, 마지막으로 정치 차원에서 가늠해볼 수 있습니다. 이에 더해 여기에서 초점을 맞추고자 하는 것은 북한이 얼마만큼 변화해야 우리와 협력적 공존을 해나갈 수 있을까입니다.

변화의 초점은 평화와 경제에 맞춰져 있다

북한의 호전성이 줄어든 가장 중요한 계기는 2000년 남북정상회담입니다. 그때 김대중 대통령과 김정일 위원장은 남과 북이 서로의 적대적 갈등상태를 끝내고 화해협력의 길로 가자고 합의를 보았습니다. 그 합의 이후 남과 북이 한꺼번에 일사천리로 화합의 길로 나아간 건 아니지만 일대 중요한 계기를 마련한 셈이었죠.

그러다가 김정은 위원장이 등장하고 특히 2018년 들어서는 북한의 호전성이 더 극적으로 감소됐죠. 4·27 판문점선언의 내용을 보세요. 제1항이 남북관계의 기본방향입니다. 제2항은 군사적 긴장완화와 신뢰구축이고요. 한반도에서 더이상의 전쟁은 없을 것이며 이때부터 육해공 모든 곳에서 적대적인 대결상태를 중지한다고 이야기한 것은 단순히 문재인 대통령의 소망만이 아니었습니다. 김정은 위원장 또한 적극적으로 그렇게 하자고 한 거였고요. 제3항은 한반도 평화체제 구축인데 그 항목에 비핵화라는 표현이 들어가 있지요.

여기서는 북한이 군사적 긴장완화와 안보환경의 변화를 언급한다는 것에 주목할 필요가 있습니다. 미국과의 정상회담 합의문에도 그 첫번째가 평화와 번영의 북미관계, 두번째가 평화체제 구축이에요. 세번째가 비핵화고요. 이제는 호전성 감소 정도가 아니라 더이상 전쟁은 안 된다는 이야기까지 언급하고 있는 겁니다.

북한이 이렇게까지 안보와 평화에 중점을 두는 이유는 무엇일까요. 북한 바로 옆 중국이 개혁개방에 나서고 고도성장을 이루는 과정에서 항상 신경을 쓴 것이 주변 안보환경이었습니다. 다시 말해 자국 주변이 안정되어야만 자기들이 군사 분야에 신경을 덜 쓰면서 경제를 더욱 발전시킬 수 있다고 본 거죠.

지금 북한의 김정은 위원장이 올인하는 것 또한 경제입니다. 그러다 보니 경제에 주력하기 위해서는 지금 미국과 투닥거릴 시간이 없다고 여기는 거고요. 남한에도 마찬가지의 제스처를 보여주죠. 그동안에는 남한 측에서 휴전선에서 그만 다투자고 해왔는데 이제는 거꾸로 북한이 적극적으로 그 이야길 꺼내고 있는 겁니다.

과거 김정일시대에 경제개방을 신경쓰지 않았던 것은 아닙니다. 다만 수도 평양에서 멀리 떨어져 있는 개성공단이나 금강산, 저 멀리 함경북도 나진·선봉 등을 개방하고 북한 노동력과 토지를 사용하여 달러를 벌어들이는 것을 위주로 했습니다. 수도 평양에까지 자본주의가 침

투하는 것은 꼭 막으려 했고요. 이를 모기장식 개방 혹은 제가 만들어낸 개념인 점분산형(點分散形) 개방이라고 부르고요.

김정은시대에 들어와서는 개방의 방식이 달라졌어요. 전국 도처를 다 개방하고 각 지역에서 그 나름의 모범사례가 생기면 그 경제특구의 외곽으로 그 사례를 확산하고 권장하고 있거든요. 이전보다 경제개방이 훨씬 잘 촉진되고 있으니, 경제 부문의 개혁을 지향하고 있다고 봐도 과언이 아닙니다.

흐름을 파악해야 변화를 감지한다: 절대적 기준 버리기

혹시 북한의 변화에 대해 너무 절대적인 기준을 세워놓은 건 아닌가 스스로 되물어볼 필요도 있습니다. 예를 들어 요즘 북한이 시장경제를 도입한다고 해도 어떤 이들은 "그거 다 소용없어. 그 정도 수준 갖고는 인정하기 어려워"라고 말합니다.

마치 물이 100℃ 비등점에서 끓어야 그걸 살짝 식혀 커피를 타서 마시는데 100℃에 이르지 못한 물은 모두 소용없다고 여기는 것과 같습니다. 이처럼 이미 특정 기준을 가지고 그에 이르지 못한 경우 인정하지 않는 사람에게는 변화가 보이지 않습니다. 그러나 알코올램프로 커피 물을 끓이는 주인 입장에서는 10℃의 물이 30℃, 40℃로 데워지는 것을 보고 이 물이 곧 100℃에 오를 것이라고 예견하기 때문에 30℃, 40℃로 데워진 물도 의미가 있다고 봅니다.

문재인 대통령과 김정은 위원장이 2018년 4월 27일 오후 판문점에서 열린 남북정상회담에서 서명한 선언문을 교환하고 있다.

커피를 주문하는 손님 관점에서 보면 그 변화가 두드러지지 않지요. 그러나 커피 물을 끓이는 사람 관점에서 보면 그 변화가 확연히 눈에 들어와요. 절대적 기준을 제시하면 만족하기 쉽지 않습니다. 앞서 말씀드린 것처럼 변화는 지속성과 확장성을 가집니다. 그것이 애초에는 작은 움직임이었더라도 시간이 지나 그 사회의 지배적 유행이 되고 하나의 생활양식이 되면, 하나의 작은 변화가 새로운 양식을 만들어내는 데 이른 것입니다. 그제서야 변화를 느끼는 사람들은 그 반응이 늦는 셈입니다. 흐름을 제대로 파악할 줄 아는 이들은 물이 점점 끓어오를 때에 변화를 감지합니다. 안타깝게도 우리 사회엔 아직까지 그렇게 보지 않는 분들이 많지요. 그저 100℃가 되어야만 한다며 절대적 잣대를 내세우면 변화의 추이를 읽어내기 어렵습니다.

북한에 대한 우리의 태도나 인식은 어떤가도 묻고 싶습니다. 2018년 5월 판문점에서 두번째 남북정상회담이 열렸잖아요. 4월에 첫번째 남북정상회담이 열린 뒤로 북한은 그 회담에서 이야기 나눈 내용을 『로동신문』에서 줄기차게 다뤘습니다. 단편 기록물로 만들어 텔레비전에서 자주 틀어줬고요. 특히 『로동신문』은 김정은 위원장이 대한민국의 문재인 대통령에게 감사의 뜻을 표시하는 내용을 다뤘어요. 이를테면 올해 6월 12일 북미 간 정상회담을 성사시키기 위해 노력한 문재인 대통령에게 김정은 위원장이 사의를 표했다는 내용들이지요.

본래 북한 사람들은 북한과 미국이 100년 숙적이고 그다음 남한은 미국의 식민지라고 말했어요. 그런 그들이 남한의 문재인 대통령이 지금 자신들의 최대 숙원사업인 북미정상회담을 여는 과정에서 무척 애쓰고 있다며 감사의 뜻을 표하는 거예요. 정말 놀랍지 않아요? 북한의 가장 중요한 공식매체가 이렇게 다루었다는 것은 북한 주민들이 남한사회의 실상을 잘 알고 있다는 뜻이에요. 북한 사람들의 남한 인식이 우리가 짐작해오던 바와 다르다는 것이지요.

재차 강조하지만 북한은 본래 남한이 미국의 식민지고 미국에 의해 휘둘리는, 주권도 주체성도 없는 나라였다고 봤어요. 그런데 이제는 남한이 어느정도 잘살고 또 남한정부가 북미관계 개선과 한반도 평화를 위해 노력하고 있다는 의식이 주민들 사이에 자리잡고 있어요. 그러다 보니 관영언론이라고 하는 『로동신문』에서조차 이만큼은 이야기해도 무방해진 것입니다. 『로동신문』에 이런 구절이 나오면 북한 주민들에게는 또 어떤 다른 방식으로 해명하지나 않을까, 북한 주민들이 이에 동요하지 않을까라고 생각하는 분도 있는데요. 동요할 일 없습니다. 왜? 그 사람들이 남한을 잘 알고 있으니까요.

문제는 도리어 우리가 그것에 동요한다는 것입니다. 그런데 우리는 얼마만큼 북한을 알고 있습니까? 북한 사람들이 '남한에 대해 이 나라는 여전히 미국의 식민지거나 대단히 형편없다'는 식의 생각만 갖고 있다는 옛날의 편견에서 과연 벗어났나요? 사실 이제는 북한이 아니라 우리가 얼마만큼 변하고 있느냐라는 질문을 던져봐야 해요. 미국도 마찬가지고요. 어쩌면 지금은 우리가 변화하는 북한을 읽지 못하고 옛날 북한만을 생각하면서 북한이 이러저러한 일로 변했느냐만 꼬치꼬치 묻고 있는 상황일 수 있습니다.

변화의 양상: 개방, 정치의 제도화, 시장화, 자유, 정보화

변화하는 북한을 그림 1을 통해 읽어봅시다. 우선 저 지도를 보시면, 북한의 경제개발구역이 생각 외로 많다는 점을 알 수 있어요. 과거 김정일시대에는 개성공단, 금강산 그리고 나진·선봉 이렇게 세개의 경제특구만 있었어요. 그뒤로 신의주를 경제특구로 만들어놨지만, 그곳을 담당해야 할 네덜란드계 화교 양 빈(楊斌)이 중국 공안에 잡혀가면서 그 계획이 틀어져버렸죠. 경제개발특구가 사실상 세개밖에 없었는데 김정은시대에 들어와 2013년부터 외자유치를 목표로 하는 경제개발구가 만들어지면서 2017년까지 총 22개가 지정됩니다. 기존의 경제특구 5개를

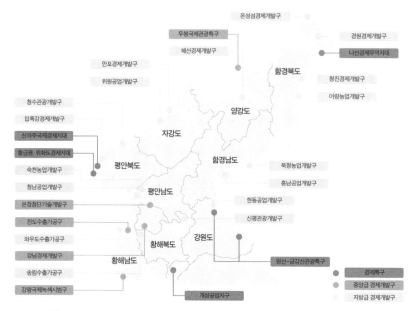

그림 1 북한 특수경제지대의 지역별 분포.

그림 2 2018년 4월 9일, 김정은 위원장 주재로 열린 조선로동당 중앙위원회 정치국 회의.

포함하면 모두 27개의 경제특구가 있는 셈입니다.

다시 말해 김정은시대에는 이전 시대에 비해 전국적으로 경제개방을 위해 훨씬 더 적극적으로 많은 조치를 취하고 있어요. 물론 저 개발구들이 제대로 운영될까요? 그렇진 않습니다. 대북 경제제재 때문이지요. 그럼에도 북한이 개방을 준비하고 있다는 사실을 주목해볼 필요가 있습니다. 저 그림 하나가 그들이 현재 상당한 수준으로 개방화를 추진하고 있다는 것을 단적으로 보여줍니다.

그림 2 또한 흥미롭습니다. 지금까지 제가 북한 연구를 30년 이상 해왔는데요. 북한에서 저렇게 둥근 탁자에 앉아 각자 손을 들어 뭔가 결정하는 모습의 사진은 처음 봤어요. 이건『로동신문』에서 게재한 조선로동당 중앙위원회 정치국 회의 사진이에요. 자신들이 지금은 사회주의적 요소를 채택해 나라를 운영하고 있지만, 그럼에도 그 나름대로 민주주의를 도입하고 있다는 걸 보여주고 싶은 거잖아요. 김정일시대까지는 이런 사진이 공개된 적이 없었습니다. 다시 말해 김정은시대에 들어와 외부세계에 뭔가 보여주고자 하는 겁니다. 공산당이라면 형식적으로라도 공산당의 원리대로 운영하는 모습을 보여야 하는데, 그동안은 그렇지 못했지만 이제는 여러 방면에서 제도화를 추진하고 있다는 것을 드러내고 있어요.

그림 3에서는 기존의 장마당이 시장으로 탈바꿈하는 모습이 엿보이지요. 물건을 저렇게 매대에 올려놓고 판다는 것은 북한이 드디어 세금을 걷는다는 뜻입니다. 매대를 만들어 상인들에게 무작정 공급해주진 않을 테니까요. 그렇다면 세금을 붙이기 시작했다는 건 뭘 의미합니까?

그림 3 평양 최대의 시장인 통일거리시장의 모습.

나중에 휴대전화 쓰는 모습을 보여드리겠지만, 그 휴대전화를 이용하여 전자결제까지 할 수 있다는 것 아니겠습니까? 전자결제 같은 시장화 조치들로 세금수요를 확보하게 되므로 이는 곧 북한사회가 이제 드디어 주민들의 세금을 갖고 재정을 운영하는 쪽으로 나아가고 있음을 보여줍니다.

그림 4는 굉장히 의미심장한 변화를 담고 있습니다. 사회주의 국가에서 국가 수반이 자기 부인을 대동하고 다른 나라를 방문하는 경우는 그들의 전통상 거의 없습니다. 그중에서도 북한에서는 과거에 저런 모습을 찾아볼 수 없었지요. 냉전시대였던 1960년대에 북한이 외교에서 가장 많이 주력했던 것은 비동맹외교였어요. 당시에 비동맹외교를 펼치려고 아프리카 국가 지도자를 많이 불러들였는데 아프리카의 대다수 국가들은 자본주의의 세례를 받았단 말이에요. 그러니 아프리카 지도자를 불러오면 그 부인이 따라오는 거예요. 상대방의 부인이 오니까 이쪽도 부인이 영접해야 했고요. 김일성 수상(1972년 이후 주석) 시절에 그의 부인 김성애(金聖愛)가 처음으로 얼굴을 공개한 것도 이 때문이었습

24

그림 4 북한 조선중앙TV가 공개한 2018년 6월 김정은 위원장의 세번째 중국 방문 영상의 한 장면.

니다. 그외 다른 명목으로는 전혀 등장하지 않았고요.

그러다 사회주의가 붕괴한 뒤 중국에서 특히 시 진핑(智近平) 주석이 자신의 부인과 같이 다니는 모습을 자주 보여줬습니다. 북한에서도 이제는 그 흐름에 맞춰 부인 리설주(李雪主) 여사가 같이 다니기 시작했고, 이제는 저 사진에서처럼 지도자의 팔짱을 끼고 계단을 내려오는 모습까지 연출하게 된 것이죠. 북한사회 특히 북한 지도부가 국제적 패턴에 스스로를 맞춰가고 있다는 걸 보여주는 대표적인 사진입니다.

북한의 정보화체계는 우리가 예상하는 것보다 훨씬 고도화되었습니다. 그림 5에서 볼 수 있는 것처럼 휴대전화가 어느새 일상화되었어요. 북한에 500만대 이상의 휴대전화가 보급되어 있다는 뉴스는 들어보셨을 테고요. 휴대전화가 가져온 변화 중 대표적인 것이 사금고시장이 대형화했다는 사실입니다. 휴대전화 덕택에 금융서비스가 도입된 것이

그림 5 2013년 8월, 북한 평양 시내에서 주민들이 휴대전화를 사용하고 있다.

지요. 우리나라로 따지면 저축은행의 전 단계에 해당하는 사금고가 생겼습니다. 일례로 중국에서 많은 물건이 들어오면 신의주에서 그 물건을 저 멀리 함경도 청진으로 하루하고도 반나절 안에 '급속배달'을 합니다. 주문은 청진에서 전화로 하는 거고요. 그럼 돈은 어떻게 전달할까요? 물건이 많아졌으니 기존의 방식대로 물건을 받고 돈을 현찰로 주는 방식은 이제는 불가능해진 거죠.

이때 휴대전화가 신의주의 전주(錢主) A와 청진의 전주 B를 서로 연결해줍니다. 청진에 있는 이가 그 대금을 신의주에 있는 상인한테 치르는 게 아니라 청진에 있는 전주한테 보냅니다. "나 지금 저쪽 신의주 아무개에게 1만달러를 보내야 하는데 저 대신 그 돈을 보내주세요." 그러면 청진의 전주가 신의주의 전주한테 "거기 신의주에 사는 아무개한테 1만달러만 주시라요." 그러면 결국 청진의 전주와 신의주의 전주 사이

그림 6 2018년 6월 11일, 김정은 위원장이 싱가포르에 가기 위해 에어차이나에 오르는 모습.

에서만 서로 계상하면 되는 결제예요.

이런 식으로 과거에는 상상도 못할 그들 나름의 사금고가 형성되어 움직이고 있습니다. 이게 모두 휴대전화 덕택에 가능한 거죠. 이외에도 저 휴대전화가 북한에서 얼마만큼 시장을 확장하고 정보의 유통을 확대했는지에 관하여 조만간 놀랄 만한 연구가 나오지 않을까 싶어요.

그림 6은 『로동신문』의 한 장면입니다. 요즘 들어 『로동신문』이 김정은에 대한 이야기를 과거보다 훨씬 공개적으로 깊이를 담아 보여주고 있습니다. 이 사진은 김정은 위원장이 평양에서 싱가포르 북미정상회담을 위해 떠나는 장면을 보여주고 있습니다. 이 한장의 사진에 변화에 대한 굉장히 큰 결단이 담겨 있어요. 김정은 위원장이 중국 전용기를 타고 있잖아요. 저 비행기의 승무원도 중국인이고요. 저기에 탄 북한 사람은 오로지 김정은 위원장과 그 수행원이에요. 지구상에서 가장 자존심 센 자주국가라는 북한이 저런 방식의 이동을 택한 겁니다.

왜 그랬을까요? 김정은은 북미정상회담을 하고자 하는 열망이 컸어요. 그런데 미국은 정상회담을 제3국인 싱가포르에서 하자고 강하게 주장했던 것 같아요. 그러나 북한이 보기에 김 위원장의 전용기 '참매 1호'는 그를 태우고 평양에서 싱가포르까지 가는 게 무리였던 같고요. 싱가포르에서 하자고 주장하는 미국에도 자존심은 구기지만 아마 솔직히 이야기했을 겁니다. 그러면서 평양이나 판문점 회담을 원했겠지요. 그러나 미국은 싱가포르를 고집했고 북한은 이를 수용했지요. 그 대신 김정은 위원장이 택한 건 뭡니까? 중국 '몰빵'이죠. 다시 말해 미국과 협상하려는데 결국 자신이 아무리 협상을 잘해도 미국의 일방주의는 벗어날 수 없겠다고 생각한 거죠. 그럼 김정은이 어떻게 하겠어요? 중국이라는 뒷배를 명확히 하지 않으면 안 되겠다고 생각하겠지요.

북한의 지도자가 이런 식으로 중국 전용기를 탄 모습으로 『로동신문』 같은 매체에 매일같이 나오는 걸 원하겠습니까? 원하지 않아도 이런 일이 발생하고 있는 거죠. 결국 북한은 미국과 협상하면 할수록 그 안전책으로서 중국과의 관계를 긴밀히 다져놓지 않으면 안 된다고 생각하게 되는 겁니다.

미국이 북한에 대해 일방주의적인 태도를 내비치면 내비칠수록 북한은 중국을 향해 한걸음 더 다가갈 겁니다. 북한이 잘하고 있다는 뜻은 아닙니다. 어쩌면 미국 입장에선 평양이나 판문점에서 회담을 했다면 오히려 상당한 실리를 얻었을 텐데라는 생각이 들어서입니다. 미국은 기싸움에서는 이겼을지언정 실리를 얻지는 못했다고 여겨지더군요. 결국 트럼프 대통령이 그렇게 싫어하는 방식으로, 김정은 위원장이 중국

그림 7 2018년 7월 1일, 북한 조선중앙통신에서 보도한 김정은 위원장과 리설주 여사의 신의주 화장품공장 현지지도 장면. 신의주 화장품공장은 1949년 설립된 북한 최초의 화장품 생산기지다. 북한에서는 최대 규모의 화장품공장으로 '봄향기'라는 브랜드를 생산하는 것으로 알려졌다.

에 한발짝 더 다가간 셈이지요.

그림 7 또한 『로동신문』에 실린 사진입니다. 김정은이 신의주 화장품공장을 현지지도하고 있습니다. 그를 수행한 간부들 중에서 황병서(黃炳誓) 중앙위원회 간부가 눈에 띕니다.(사진 왼쪽에서 두번째) 오일정(吳日晶)도 김 위원장 바로 오른편에 보이고요. 황병서는 조선인민군 총정치국 국장 출신으로 북한에서 사실상 랭킹 2위의 지위에 있었으며, 오일정은 조선로동당 군사부장 출신입니다. 군인 출신들이 군복을 벗고 저렇게 인민복을 입고 따라다니고 있는 거죠.

북한의 과거 군 지도자, 지휘관 상당수가 저렇게 당 간부로서 경제현장에 뛰어다니고 있는 겁니다. 다시 말해 군대 중심의 사회가 이제는 당

중심, 내각 중심으로 변화하고 있다는 거죠. 일개 사병이 아니라 북한군에서 가장 중요한 지위인 총정치국장, 당 군사부장 이런 사람들이 군복을 벗은 채 저렇게 민간인 복장으로 다시 활동한다는 건 실제로 북한군의 거품이 많이 빠졌다는 것을 짐작케 해줍니다. 지금은 선군정치 때와 달리 당·정이 핵심이고 군은 과거와 달리 상당히 정상화된 것을 이 사진을 통해 알 수 있습니다.

현실에 맞춰 그 근본에서부터 뒤흔들다: 구조적 변화

지금까지 설명해드린 변화들은 김정일시대에서 김정은시대로 전환할 때의 리더십 변화와 연관되어 있습니다. 대내 환경에서 자원이 제약되고 대외 환경에서는 시장경제가 전일화되어 있는 세계 구조는 김정일시대에나 김정은시대에나 마찬가지였습니다. 다만 이처럼 변화가 불가피한 구조적 상황 아래서 김정은이 변화를 선택한 것이지요. 결국 리더십의 변화가 오늘의 북한의 변화를 추동하는 결정적인 요인이 된 것입니다.

김정은 리더십은 '현실주의'라는 말로 정리할 수 있습니다. 과거 김정일시대에는 '강성대국을 건설하자'라고 말하면서 허장성세를 떤 측면이 많았습니다. 워낙 목표를 크게 잡으니 그걸 검증하는 현장점검 절차도 갖출 필요가 없었지요. 물론 자원도 없었고요. 국가자원이 고갈되다보니 유일하게 남은 가용자원인 애꿎은 군인들만 이곳저곳에서 활용한 거란 말이죠. 김정은이 볼 때는 자기 아버지가 강성대국이라고 표현하긴 했는데 아무래도 강성대국은 쉽지 않은 거 같아요. 그러니 '이건 아니야. 목표를 현실화해야겠어'라고 생각하게 된 것일 테고요. 참고로 요즘 북한에서는 강성대국이 아니라 '강성국가'라는 말이 쓰입니다.

김정은은 김정일과 다릅니다. 그는 과제점검형 스타일의 리더십을 갖고 있습니다. 과제점검형 리더십과 그렇지 않은 리더십은 사실 어느 국가나 회사를 운영하는 데 엄청난 차이를 보입니다. 여러분 중에서도 뭔가 목표를 제시하고는 중간에 점검하지 않는 버릇을 가진 분은 절대 기업을 경영하시면 안 됩니다. 사람 관리를 하셔도 안 되고요. 단적으로 김정일은 프리랜서 직종에서 일하기에 딱 맞을 사람인데 국가 운영을 맡았던 것 같고요. 마찬가지의 기준으로 보면 김정은은 조직을 운영하기에 맞춤한 스타일을 가진 거 같습니다.

앞서 북한의 여러 현상을 놓고 그로부터 변화의 의미를 읽어냈다면, 이번에는 그 구조를 독해해보도록 하겠습니다. 사람들이 그렇게 얘기해요. 2018년 현재 한반도의 변화가 과연 지속될까라고 말이죠. 누구도 이 평화 국면이 무탈하게 지속될 거라고 자신있게 말할 순 없지요. 다만 과거 그 어느 때보다도 이 분위기를 이어가면서 차차 평화로 도달할 가능성이 높다라고는 말할 수 있습니다. 이렇게 말씀드릴 수 있는 이유는, 바로 구조적인 변화가 발생하고 있기 때문입니다.

그 구조 중 하나는 '적대적 대결구도'입니다. 한반도가 분단된 지 오래되었고 이를 가리켜 한반도 냉전체제, 남북 간 대결구도라고 말하지요. 지금 한반도에서 이뤄지는 이 적대적 대결의 본질은 분단을 토대로 하여 두개의 축으로 형성되어 있습니다. 바로 남북 간, 북미 간의 갈등입니다. 2018년 이전에도 남한의 민주정부들은 2000년과 2007년에 걸쳐 두번의 정상회담을 치르면서 남북관계를 일대 개선하여 한반도의 새로운 평화 국면을 열어보고자 했습니다. 이를 통해 북미관계도 개선하길 바랐고요.

다만 우리는 인정하고 싶지 않고 자존심도 매우 상하는 일이지만, 이 두가지 축 중에서 북미관계가 규정력이 좀더 큰 것 같아요. 북미관계가 남북관계 개선에 도리어 부정적인 영향을 미치게 될 때면 도돌이표, 악순환의 구조로 빠져 되돌리기 어려운 상황에 처하는 경우가 많았습니다. 그러다보니 북미관계와 남북관계가 한꺼번에 개선될 기회가 오지 않는 한 한반도에서 진정한 평화는 요원하다고 생각했고요.

그런데 이게 꿈인지 생시인지 모르지만 그런 기회가 올해 2018년 봄에 온 겁니다. 한반도에서 남북정상회담을 4월 27일 치렀고, 싱가포르에서 북미정상회담을 6월 12일 치렀는데 이 두 회담 모두가 성공적으로 마무리되었습니다. 물론 갈 길은 멀지만, 이제 적대적 관계를 해소하고 새로운 평화관계와 협력관계를 가질 수 있는 틀을 마련한 겁니다. 다시 말해 이 두 적대적 대결구도가 동시에 해소될 절호의 때가 온 거예요. 해방 후 6·25까지 치르면서 숱한 위기를 거쳐 분단 73년 만에 처음 찾아온 기회입니다. 그러니 과거 어느 때보다 이 국면이 제대로 열릴 수 있겠다고 기대하게 됩니다.

또 하나 그에 못지않은 중요한 요소는 지금의 한반도 평화가 북한 지도자의 '능동적 결단으로 가능해졌다'는 사실입니다. 한반도 위기의 가장 중요한 원인제공자인 북한의 지도자가 '나, 이제 다르게 살 거야'라고 공표하고 있거든요. 그가 앞장서서 평화를 결단하고 나선 거죠. 이게 얼마나 중요한 것이냐면, 과거에 김정일 위원장 또한 많은 결단을 내렸어요. 그런데 이는 남한이나 다른 나라 정상이 여러 측면에서 설득하면 김정일 위원장이 거듭 고뇌하다가 결국 일대 결단을 내리는 식이었습니다. 다시 말해 수동적 결단이었지요.

김정은은 판이합니다. 지난 3월 초 북한에 파견된 우리 특사단이 말을 꺼내기도 전에, "알겠습니다. 내가 김여정과 김영철이 남쪽 갔다 와서 해준 이야기 다 들었습니다"라면서 자신이 먼저 이야기를 술술 꺼낸 거 아닙니까. 미국이 자신들에게 군사적 위협을 가하지 않고 체제의 안전을 보장한다면 비핵화에 나서지 않을 이유가 없다면서 대화 기간 중에는 핵미사일 시험발사도 없을 것이며 한미연합 군사훈련도 통상적인 것으로 이해하겠다고 말한 겁니다. 당시 우리 대표단은 본래의 여러 목표 중에 한두가지라도 달성하면 좋겠다고 내심 생각했을 텐데 김 위원장이 대여섯가지를 단번에 내놓으니, 어쩌면 맥이 빠졌을 수도 있겠어요.(웃음)

과거와 비교하면 정말 달라진 것이지요. 이전에는 본래 어떤 조건을 내세우며 그 조건이 맞으면 대화에 나서겠다는 식이었어요. 지금은 능동적이며 선제적으로 결단하고 있다는 점에서 북한발 위기의 가능성이 그만큼 낮아진 상태입니다.

북한경제는 이미 오래전부터 바뀌어왔다: 체질과 인식, 두 가지의 변화

북한경제는 격변하고 있습니다. 그 변화는 물론 김정은의 결심에 따른 것만은 아닙니다. 김정일시대에 시작되었다고 봐야죠. 2008년 김정일은 심장에 큰 충격을 받습니다. 자기 죽음을 예감한 김정일은 아들 김정은에게 어떤 북한을 넘겨줄 것인가 고민했을 것입니다. 그 고민의 결과 2010년에 두차례 중국을 방문해서 그 당시 중국의 국가주석이었던 후진타오(胡錦濤)를 만나 나진·선봉과 황금평·위화도 등을 공동 개발·관리하기로 합의했습니다. 경제개방을 본격화한 거죠.

이 중에서 황금평·위화도는 미개발 상태이고, 나진·선봉(지금의 명칭은 나선)은 중국과 북한이 공동으로 관리하고 개발하는 경제특구로 여전히 그 명맥을 유지하고 있습니다. 그뒤에 김정은이 집권하고 2013년 이후에 전격적으로 경제를 개방했습니다. 우리는 북한이 핵미사일을 시험발사하는 보도밖에 보지 못했으니 김정은이 오로지 핵에 몰두한다고만 생각했지만 돌이켜보니 김정은이 다른 한쪽 손으로 북한경제를 재구조화하고 있었던 거예요. 그 개방의 현장을 우리가 들여다보지 않았을 뿐이지요.

어떤 기자는 이를 보며 "북한의 180도 변신"이라고 표현했어요. 김정은 위원장이 핵미사일 시험발사를 하다가 이제는 경제 쪽으로 180도 선회했다는 거죠. 그 기자 말이 반은 맞지만 반은 틀렸다고 봐요. 실은 자신이 김정은의 경제개방 정책에 관심을 갖지 않았던 것이지요. 그 기자

뿐 아니라 우리 사회 많은 이들이 오로지 김정은이 하는 일 중에서 핵개발만 바라보고 있었던 것 아닌가 싶습니다. 그러다 더이상 핵을 개발하지 않으니까 슬쩍 180도 자기 목을 돌려 저쪽을 보니, 김정은의 다른 손이 경제를 개방하고 있더란 말이죠. 그걸 놓고 자신의 목이 돌아간 건 생각 안 하고 북한이 180도 변했다고 이야기한다면 과연 그 말을 신뢰할 수 있는 건가 되묻고 싶어요. 아직까지도 북한이 압박과 제재를 받으면서 더이상 갈 길이 없고 결국 북한 인민들이 굶어죽을 거라는 뉴스가 차고 넘치는 것 또한 사실이고요.

북한을 다녀온 외국 방문객이나 재미동포 등은 대체로 이렇게 말합니다. "그 사람들 어려워 보이는 건 사실이지만 그래도 먹고사는 거 자체에는 문제가 없던데?" 북한이 사실은 우리가 생각하는 것보다 훨씬 더 준비를 잘해왔어요. 어느새 북한경제가 소비재 분야는 상당 부분 내수화하여 이제는 경제제재에 장기적으로 대처할 수 있는 구조를 만들어내는 중이에요. 2017년 5월 베이징 대학교에 초빙교수로 가 있을 때였는데요. 그곳 교수 중 아는 분이 본인이 2014년 북한에 가보고 2017년에도 다녀왔는데, 이번에 국영상점에 가서 놀랐다는 거예요. 그전에는 온통 중국 물건밖에 없었는데 지금은 북한 물건으로 가득 찼다는 겁니다. 그동안 무슨 일이 있었길래 이렇게 됐을까요?

국산화가 이뤄졌어요. 그런데 북한경제를 공부하는 사람들이면 이걸 충분히 예측했어요. 전공이 아님에도 관련 자료를 보게 되는 저 또한 이걸 예측했거든요. 제가 잘나서가 아니라 현대경제연구원의 북한경제 관련 변화추이를 보면 북한이 중국으로부터 수입하는 구조가 2010년 이후에 바뀝니다. 어떻게 변화하느냐면 2010년부터 중간재, 기술재, 즉 생산용품을 수입하더라고요. 소비재와 곡물 등이 아니라요. 그 중간재들을 갖고 결국은 기계를 돌려 상품을 생산하고 내수화한 겁니다.

북한의 경제인식에도 변화가 있습니다. 『경제연구』라는 북한 잡지에서 따온 글을 옮겨보겠는데요. 이 잡지는 일반인이 볼 순 없고 북한 연구자들이 연구에 참고할 때 열람하는 것입니다. 이 잡지에 따르면 김정은의 교시에 따라 이미 2015년에 경제인식이 이렇게 바뀌었습니다.

지금의 국제시장은 소비자 위주의 시장. 소비자 위주의 시장에서는 소비자가 무엇을 원하는가를 정확히 파악하고 그에 재빠르게 대응하는 기업만이 살아남을 수 있다. (…) 기본은 지대 안의 생산경영 활동을 위한 환경과 생활환경을 투자가들의 요구에 맞게 마련하는 것. (…) 좋은 생활환경을 마련해주지 않고서는 외국 투자가들을 적극 받아들이기 어렵게 되어 있다. (김경성, 2015년 7월호, 59면)

과거에는 북한이 경제특구를 만들면 "이 경제특구는 조선민주주의인민공화국의 주권이 관철되는 곳이다"라고 못 박았어요. 누가 그곳에 입주하든 간에 북한의 주권에 따라 행동해야 함을 강조했던 거죠. 그런데 2015년에 발표한 저 글을 보면 정반대로 이야기합니다. "야, 그래서는 아무것도 안 돼. 우리 경제특구나 경제개발구에 투자할 외국인이 있다면, 그 사람이 우리 손님이고 왕이야. 그 사람을 중심으로 어떻게 환경을 만들까를 고민해야 해."

이 말은 지금 서울의 박원순 시장이 했다고 해도 어색하게 들리지 않지요. 그런데 북한이, 김정은이 저런 생각을 갖고 있어요. 물론 실제로 그 특구에 입주하면 불편한 점이 여럿 있겠죠. 특구라고 해도 주요 기반시설 등이 준비되지 않았을 테고요. 하지만 그 인식 자체는 분명히 바뀌고 있다는 겁니다.

경제개발구에서 활용되는 최신기술과 경영방법들은 지역 밖의 경제 부문들에도 영향을 주어 실정에 맞게 도입, 이용할 수 있으며, 이를 통하여 과학기술과 생산의 빠른 발전을 이룩할 수 있다. (김영철, 2015년 10월호, 42면)

위의 말 또한 흥미롭습니다. 그동안에는 앞서 말씀드린 것처럼 '모기장식 개방'(점분산형 개방)이었어요. 일부 지역만 개방해서 달러를 벌어들이는 거였어요. 그 개방이 북한 내부로 확산되면 위험하다고 생각했거든요. 개방되면 체제가 위험해질 거라고 본 거죠. 그런데 지금은 경제개발구에서 발전시켜 그로부터 좋은 게 얻어지면 이를 주변지역으로 확산하자는 겁니다.

북한의 변화 의지를 읽어내다: 트럼프 비핵화 방식의 변화

트럼프 또한 생각이 많이 바뀌었습니다. 혼자 바뀌어서 걱정이긴 합니다만 어쨌든 트럼프가 본래는 '나는 한꺼번에 북한 비핵화를 다 이룰 수 있어. CVID(완전하고 검증 가능하며 되돌릴 수 없는 핵 폐기)를 통해 신속하게 올인원, 한방에 다 해결할 수 있어'라는 식으로 공언했어요. 그러다가 어느날 갑자기, '아, 북한 핵문제를 푸는 건 하나의 프로세스를 거쳐야만 가능해'라고 생각을 바꾸었어요.

미국 사람 대부분은 왜 트럼프가 그렇게 말하는지 알 길이 없으니 아직 본래의 생각을 바꾸지 못하고 있어요. 그런데 트럼프는 마음을 달리 먹었단 말이에요. 그의 생각이 왜 바뀌었을까요?

트럼프의 변화를 추동한 것은 북한의 변화입니다. 북한의 변화란 바로 김정은이 품은 생각의 변화이고요. 김정은은 '그동안 북한이 살아왔던 방식은 미국의 위협을 강조하여 그 위협에 대항하고 체제안전을 보장받는 것이었으며 그 수단으로는 핵무기가 필요했는데, 막상 핵무기를 개발하면서 국제사회의 제재를 받아 가난해졌다'고 생각하는 것 같아요. '핵무기를 가진 빈곤한 북한'에 대해 스스로 문제를 제기한 것이지요. 김정은은 트럼프에게 자기의 수하인 김영철을 보내 혹은 폼페이오를 통해, 그것도 아니면 본인이 직접 싱가포르에 가서 이런 식으로 얘기한 듯해요. "당신이 날 계속 찍어 누른다면, 가난하지만 핵무기를 갖고 이렇게 그냥 살 수도 있다. 그러나 내가 핵무기를 포기할 때 당신이 체제안전을 보장해주고 경제제재를 푼다면 중국이나 베트남보다 더욱 고도로 성장하는 경제부국을 만들고 싶다."

트럼프는 원래 이렇게 생각했어요. '그래, 맞아. 내가 압박과 제재를 가하니까 드디어 북한이 이제는 죽게 생겼으니까 협상장으로 나온 거야.' 떠밀려 등장한다고 생각하니 그렇게 떠밀려 나오는 상대는 내가 틈만 주면 언제든 나를 속이려 들 거라고 생각하게 되지요. 분명히 어떻게 해서든지 다시 핵을 만들려고 할 거라 생각했는데, 김정은의 저 말을 들으니 생각이 달라지는 거예요. "아, 그게 아니고 당신이 진짜 만들고 싶은 미래가 있다는 거지? 그런 나라를 만들기 위해 비핵화하고 싶다는 거 맞지?" 이렇게 응수하면서 트럼프 또한 김정은의 회담 제의에 순순히 응한 것으로 보입니다.

한편 비핵화와 관련하여 지금 급한 쪽은 김정은이고 여유가 있는 쪽이 트럼프예요. 미국과 국제사회의 경제제재가 실제로 해제되지 않는 한 북한에게는 별 의미가 없으니까요. 그러나 깊은 속내를 들여다보면 미국이 더 급합니다. 미국은 민주주의체제이므로 여론의 향방이 중요합니다. 거기서는 유수의 언론들이 매일같이 트럼프가 협상에 실패했다고 지적해요. 그러니 트럼프가 마음이 조급해질 수밖에 없지요. 김정은은 북한의 언론을 장악하고 있으니까, 실제로는 급하지만 그럼에도 불구하고 김정은 본인은 버틸 수 있다고 생각하고 있는 거고요. 이 두가지 현상 사이에서 모순이 발생하고 있습니다.

트럼프가 얼마 전에 이렇게 이야기했어요. "나는 김정은 위원장이 북한 인민들을 위해 다른 미래를 내다보고 있다고 확신한다." 문제는 트럼프가 이렇게 말하고 나서는 미국 국민들 전체에 이 말을 잘 납득시켜야 하는데 그게 생각만큼 쉽지 않다는 거예요. 이후로도 북미 간 비핵화를 둘러싼 곡절은 꽤 있을 겁니다. 그러나 김정은이 북한의 국가모델을 바꾼 것은 트럼프의 대북인식을 전환시켰다는 점에서 확실히 의의가 있어요. 그뒤의 지지부진한 난관들을 어떻게 지혜롭게 풀어갈 것인가는 여전히 숙제지만 일단 인식을 바꿔냈다는 데에 큰 의의를 둡니다.

변화를 볼 수 있는 힘: 북한에 대한 합리적 인식

변화를 읽을 수 있는 또다른 눈은 합리적인 북한인식입니다. 북한을 합리적으로 보지 않으면 절대로 그 변화를 읽어내지 못합니다. 실사구시는 '구체적인 실재 속에서 사물의 연관성과 합법칙성을 찾는다'라는 의미지요. 지금 상황에서 대단히 중요한 덕목입니다.

탈북자가 늘고 있지요. 다만 탈북자가 증가하면 북한이 망할 것처럼 이야기하는데요. 글쎄요, 앞으로 그 수가 얼마나 늘진 모르지만, 일례로 쿠바는 인구 1100만명 중 200만명이 떠났음에도 나라가 망하지 않고 굴러가고 있습니다. 오히려 그 200만명의 쿠바 탈출자들이 지금 쿠바로 보내주는 돈이 1년에 30억 달러에 달한다고 해요. 쿠바 1인당 국민소득 약 6000달러 중 250달러 이상을 그 외화로 채우고 있는 실정이죠.

이처럼 다른 나라의 사례를 봐도 탈북자 문제는 그렇게 단순하게 생각할 계제가 아닙니다. 예전에는 단 한명만 넘어와도 이제 북한이 곧 망할 거라는 시나리오를 들먹였지만, 이제 그런 식으로는 북한의 변화를 읽을 수 없습니다.

인과론적 접근 또한 필요합니다. 다시 말해 상식적으로 북한문제를 바라보자는 겁니다. 북한 기사를 보실 때에는 언론에 너무 의존하지 말고 스스로 생각할 수 있는 힘을 길러야 해요. 2012년 가을에 리설주 여사가 잠시 잠적한 적이 있었어요. 곧바로 우리 언론에서는 리설주 숙청설을 떠들었고요. 당시 정황을 놓고 보면 말도 안 되는 이야기였어요.

그때 리설주는 만경대 유희장에 등장한 뒤로 나타나지 않았어요. 그런데 그 유희장에서 김정은 위원장이 회전목마를 탈 때 고모인 김경희(金敬姬)와 함께 탔고, 동행한 리설주는 안 타더라고요. 그때 제가 세종연구소의 후배 연구자에게 "리설주가 혹시 임신했을 가능성이 있으니까 그걸 좀 알아보는 거 어때? 가만 보니까 놀이기구를 안 타더라"고 이야기했어요. 언론하고 자주 인터뷰도 하고 실력도 출중한 친구인데, 제 이야기가 미덥지 않았는지 귀담아듣지 않던데, 얼마 뒤에 나온 뉴스가 리설주 임신이었어요. 그런데 그 직전까지 언론은 리설주 숙청설로 도배했잖아요. 상식과 합리성에 바탕을 두고 북한을 보지 않은 거예요. 그만큼 북한이 합리적 영역이 아니라고 여전히 우리만의 편견에 사로잡혀 있는 거고요.

역지사지가 필요합니다. 북한의 처지를 이해해야 해요. 김정은이 지금 비핵화하겠다는 건, 지난 수십년간 자신들이 살아왔던 생활방식을 버리겠다는 거예요. 군사우선주의, 핵, 대량살상무기 등을 갖고 미국에 대항하여 살아야 한다고, 미국의 위협에서 살아남기 위해선 그래야 한다고 생각해왔지만 이제는 그 생각을 버리고 경제우선주의, 평화주의로 나아가겠다는 겁니다.

아무리 김정은이 배짱이 좋고 북한 인민들이 그에 동의한다고 해도 수십년간 의지해온 생존의 판을 다른 판으로 갈고자 하면 상당히 불안하고 떨리지 않겠어요? 다른 것도 아니고, 자기의 백년숙적이라는 미국으로부터 체제의 안전을 보장받아야 하는 거잖아요. 그러니까 김정은이 다음과 같이 말할 수 있다고 봅니다. "내가 풍계리 지하 핵실험장을 폭파한 건 이제 다시 복구하지 못해. 그런데 너희 미국이 우리에게 약속한 체제안전 보장은 어떻게 되는 거야? 평화협정 맺어봤자 지키지 않으면 한낱 종잇조각이야. 이게 종잇조각이 되지 않게 하려면 내가 너희를 믿을 수 있도록 신뢰를 줘야 해." 지난 북미정상회담에서 유독 신뢰가 많이 언급된 이유가 여기에 있습니다.

결국 김정은이 결심한 비핵화는 북한 측에서 보면 정말 살 떨리는 결단이라고 볼 수 있어요. 그걸 이해한다면 왜 김정은이 이렇게 했을까도 짐작할 수 있고요. 우리도 한미 간 협정을 맺을 때 미국이 우리 말을 다 들어줄 거라고 생각하지 않잖아요. 북한의 염려는 그 정도 수준을 훌쩍 뛰어넘어요. 우리와는 미국에 대한 인식과 경험이 전혀 다른 겁니다.

한반도 문제에 대해서 기본적으로 항상 성찰적인 자세를 가졌으면 해요. 저도 그러려고 많이 노력합니다. 북한연구를 30년간 해온 저조차도 북미정상회담이 올해 안에 있을지는 생각 못했거든요. 거의 대부분의 사람들이 북한은 절대 비핵화하지 않을 거라고 할 때에도, 저는 미국이 군사위협을 하지 않고 적대정책을 철회하면 북한이 비핵화하겠다는 의지를 밝힐 거라고 보았어요. 그런 저 또한 북미정상회담이 이렇게 빨리 열릴 줄 몰랐다는 거예요.

모두의 상상력을 넘어서는 일들이 발생하고 있어요. 그게 저의 한계고 우리의 한계입니다. 그런데 우리는 여전히 '김정은은 핵을 절대 포

42

기하지 않는다'라는 생각에 매달려 그 믿음을 버리기 싫어해요. 이 생각에만 빠져 있으면 김정은이 언젠가는 삐딱하게 나가는 걸 원하겠죠. 자신의 믿음이 맞으려면 그렇게 되어야겠죠. 물론 김정은이 궁극적으로 비핵화하지 않을 수도 있습니다. 왜? 비핵화는 혼자 하는 게 아니기 때문이죠. 다만 지금 김정은이 비핵화 용의를 밝히고 그 방향으로 움직이는 것을 지켜보고 있음에도 김정은이 비핵화하지 않을 거라는 믿음을 갖고 있다면, 한번쯤 자기 생각을 되돌아보아야 해요. 왜 내가 그렇게 생각했는지, 내 생각에 오류는 없는지를 성찰할 필요가 있습니다.

북한붕괴론도 마찬가지예요. 얼마나 많은 사람들이 끊임없이 그 이야기를 해오지 않았나요. 이 붕괴론이 1994년 김일성 주석 사망 뒤에 나왔으니 24년이 지난 셈인데, 이쯤 되면 지금은 자신의 판단이 뭐가 문제였을까를 성찰할 때입니다. 그래야 앞으로의 북한 변화를 읽을 수 있을 것입니다.

Q. 우리 사회에선 여전히 북한이 체제유지를 위해 시간 벌기 쇼를 하고 있다는 식의 비판이 많습니다. 오늘 강연에서는 그렇지 않다고 말씀해주셨는데 혹시 그 부분에 대해 보태실 말씀이 있다면요.

시간 벌기용이라고 보는 시각이 여전히 있습니다. 그런데 북한이 그 시간을 벌어서 어디에 쓰려는 걸까요? 아마도 대륙간탄도미사일(ICBM)과 핵무기를 만들 시간을 벌기 위해서라고 답할 수도 있겠습니다. 김정은이 시간 벌기용으로 비핵화 용의를 밝혔다면 왜 군이 풍계리 지하 핵실험장을 파괴하고 문재인 대통령만이 아니라 트럼프, 거기에다 자신의 가장 맹방인 중국의 시 진핑까지 만나 비핵화를 다짐하고 약속하겠습니까? 또 이런 상황에서 김정은이 약속을 깨면 어떻게 될까요? 김정은은 나락으로 떨어지는 겁니다. 국제사회는 북한에 대해 이전보다 훨씬 더 강한 제재와 압박을 가할 겁니다. 그런데 북한은 비핵화 용의를 밝힌 뒤 국가총노선을 핵·경제 병진노선에서 경제에 총력 집중하는 것으로 바꾸었고, 이 노선은 궁극적으로 북한에 대한 제재가 풀려 외부투자가 들어오지 않으면 성공할 수 없습니다. 그러니 김정은의 비핵화 용의가 시간 벌기용 쇼였다면 그 댓가가 너무 비싼 셈이지요.

사실 시간 벌기용으로 쇼를 하고 있다면 군이 일을 이렇게 크게 벌일 필요가 없을 거예요. 핵과 장거리 미사일 시험발사를 하지 않으면서 조금씩 나아가면 됩니다. 즉 더이상 도발하지 않으면 사실 미국이 북한을 추가로 제재할 도리는 없어요. 그럼에도 북한이 이처럼 크게 움직이는 것은 어떤 결단을 내렸다는 뜻으로 보아야 합니다.

다시 말씀드리지만 '시간 벌기용'이라는 말에 담긴, 시간을 버는 목적이 무엇인지가 명확하지 않습니다. 핵무기를 더 많이 만들기 위해 또는 ICBM을 더 잘 만들기 위해서라면 이렇게 일을 벌여놓고 시간을 버는 것보다 더 나은 방안이 많습니다. 시간 벌기용이라는 지적은 우리 사회의 큰 선입견 중 하나입니다.

Q. 최근 북한의 변화와 관련하여 중국 모델이나 베트남 모델이나 식의 말이 많습니다. 이런 모델 분석을 어떻게 평가할 수 있을까요.

북한은 기본적으로 중국의 발전경로를 모델로 삼고 있습니다. 사실이 지구상에서 사회주의 국가의 발전모델은 중국 하나밖에 없습니다. 흔히 우리가 베트남 모델이라는 말을 쓰기도 하는데, 이것은 베트남이 미국과의 수교를 계기로 외국인 직접투자가 늘고 획기적으로 경제발전 모멘텀을 마련했기 때문에 북한도 그 길로 가야 한다는 뜻에서 사용하는 말일 뿐입니다. 기본적으로 베트남의 발전방식도 중국의 그것에서 크게 벗어나지 않거든요. '모델'이라는 용어를 쓰려면 삶의 양식이 획기적으로 변모하거나 또는 지속성을 갖고 있어야 합니다. 얼마간 적용되다 중단되거나 좌절되면 모델이 아닙니다. 지속성을 가지려면 수십년간 같은 경향을 보여야 해요. 이 점에서 중국공산당의 발전방식은

'모델'이라고 부를 만합니다.

낙후한 북한경제를 떠안고 있던 김정일 위원장이 사망하기 직전인 2010년경에는 그가 너무 괴로웠을 것으로 보입니다. 개방하려니 체제가 위험해질까 두렵고, 개방을 안 하고 살 순 없을 것 같고 말이죠. 마침 이웃국가인 중국이 개혁개방을 수십년간 성공적으로 추진해왔지요. 올해는 중국 개혁개방이 40년째 되는 해입니다.

일반적으로 자유주의 이론가들은 권위주의 국가에서 권위주의 정권이 경제를 발전시키면 그 발전을 통해 생활이 윤택해진 국민들이 민주주의에 대해 각성하게 되고 그 권위주의 정치체제의 변화를 요구하게 된다고 말합니다. 이런 변화를 거쳐 결국 정권이 바뀌지요. 그 대표적인 모델이 바로 우리 대한민국이고요.

그런데 그렇지 않을 수 있다는 걸 중국공산당이 보여줬단 말이에요. 중국은 1989년 톈안먼사태 이후 30년간 고도성장을 이뤄왔는데, 그 와중에도 중국공산당은 전혀 약화되지 않고 오히려 강화되었어요. 공산당은 기본적으로 권위주의적 성격을 가집니다. 본래 이론에선 그렇지 않지만 현실에선 그렇습니다. 결국 중국은 공산당체제를 유지하면서 경제를 발전시키는 길을 걸은 셈이죠. 김정일이 집권 말기에 이 '중국의 길'을 벤치마킹하기로 결심했고 이를 김정은이 이어서 더 강하게 계승하고 있는 겁니다.

북한은 3대 세습체제죠. 이 점은 같은 공산당체제라 해도 중국이나 베트남 공산당과는 다릅니다. 따라서 이것이 김정은 위원장의 도전적 과제임엔 틀림없지만 사실 중앙아시아나 이슬람 국가에 가면 3대, 4대까지 세습하고도 안정적으로 국정을 운영하는 국가가 한둘이 아닙니다. 하다못해 북미정상회담이 열린 싱가포르도 사실상 자본주의 2대 세습국가이고요. 그러다보니 김정은이 여러 사례를 벤치마킹했을 것입니다. 김정은의 북한이 고도성장을 이룰 수 있을지, 이 과정에서 자신의 권력을 잘 유지할지 그 미래는 미지수지만, 그가 자기 나름대로 정권을 운영할 자신감을 주는 준거를 갖고 있다고는 볼 수 있습니다.

Q. 평화를 지나치게 강조하다보면 이것이 통일과 어떤 관련이 있을까 궁금증이 듭니다. 일부에서는 두 국가의 공존 같은 주장도 나오고요. 그런 논의가 이어지다보면 통일은 좀 멀어지는 것이 아닌가 싶습니다. 평화와 남북의 협력, 통일의 관계에 대해 듣고 싶습니다.

평화란 전쟁과 갈등이 없는 상태를 가리키지요. 한반도에서 평화를 이루는 것도 다를 바 없습니다. 전쟁이 없는 게 평화고, 갈등이 없는 게 평화입니다. 이를 이루자고 지금 이렇게 고민하고 노력하는 것이죠.

전쟁이 없고 갈등이 없는 상황을 어떻게 만들어갈까요? 그 절차부터 따지자면 당연히 기존의 정전협정을 평화협정으로 바꿔야 하죠. 문제는 바로 수십년간 축적된 불신입니다. 상대방을 믿지 못하기 때문에 갈등이 생기고 전쟁이 나는 거잖아요. 그러지 않으려면 불신을 신뢰로 탈바꿈해내야겠지요.

진정한 평화는 이처럼 평화협정이든 또다른 방식이든 그 방식에 더해 신뢰가 함께 축적돼야 만들어질 수 있습니다. 불신을 품은 채로 기

계적으로 평화협정 문안을 그럴싸하게 만든다고 해서 평화가 이뤄지진 않을 것 같고요. 평화협정을 맺을 만큼 서로 신뢰와 의지, 관계를 다져 놓았을 때에야 협정이 성공했다고 볼 수 있습니다.

그렇다면 신뢰를 어떻게 쌓을 수 있는가. 결국 교류하고 접촉하는 것만이 신뢰를 만들 수 있습니다. 그런데 그저 적극적이고 능동적인 자세만 갖춘다고 신뢰가 형성되는 것이 아니죠. 신뢰를 쌓아가는 과정에서는 경제적 조치가 필요합니다. 경제적으로 유기적인 생활공동체를 이루게 되면 전쟁을 벌일 수 없죠. 물론 일상의 갈등은 있겠습니다만, 평화의 안티테제로서의 갈등까지는 아닐 거란 말이죠.

그런 점에서 한반도에서 전쟁을 영원히 종식시키는 마지막 길은, 물론 통일입니다만, 통일로 가기 전 과정에서는 경제적으로 서로의 생활양식이 하나가 되고 상호 간 유기체가 되는 것입니다. 신뢰가 결국 제도화되는 것도 뒤따라야겠고요. 평화협정을 맺어 각자의 군대를 후방으로 빼는 등의 조치도 중요하지만 그것들은 모두 기술적인 문제예요. 사람들의 마음부터 움직이려면 경제가 먼저 바뀌어야 해요.

제가 살아 있는 동안 통일이 될지 모르겠어요. 다른 건 몰라도 평화가 이뤄지고 남북이 하나의 경제공동체로 나아가는 노력이 이어지다보면 30, 40년 뒤에는 여기 있는 젊은이들이 나라의 주역이 됐을 때 "야, 우리 함께 모여 살자"라고 나서면서 통일이 이뤄질 수 있을 거라고 봐요.

지금 말씀드린 통일은 엄격한 의미의 통일이고, 사실 남북이 진정으로 화해협력을 하는 순간부터 통일의 길로 접어들었다고 생각해요. 문익환 목사님이 생전에 "통일은 됐어"라고 말씀하셨어요. "야, 더이상 전쟁하지 말고 살자"라고 말하는 순간부터 우리는 협력과 평화를 향해 나아가는 것이고 그러다보면 통일의 길에 어느 순간 다다를 수 있다는 뜻이지요. 5천년 동안 우리가 하나의 민족으로 형성되어오면서 우리 안에 어떤 DNA 또한 형성되지 않았을까 생각합니다. 그 DNA는 바로 강한 구심력이에요. 아무리 떨어뜨려놓아도, 아무리 갈라져 있어도 특정 계기가 작용하면 우리는 통일로 나아갈 것입니다.

다만 그렇게 특정 계기가 작용하기 전에 서로가 함께할 수 있는 평화와 신뢰, 그리고 서로 간에 '너와 내가 하나다. 다르지 않다'라는 문화와 삶의 구조를 갖춘다면 더 좋겠습니다. 그러고 나서는 우리가 원치 않더라도 강력한 구심력이 작용할 것입니다. 두고 보십시오. 통일에 대해서는 이런 점에서 걱정하지 않습니다. 평화가 이뤄지면 통일이 된다고 봐요. 물론 두개의 국가로 따로 떨어질 수도 있습니다. 하지만 남북의 구조는 그렇게 나뉘기 어려울 만큼 밀접한 유기성을 띠고 있습니다. 시간이 지나면 그런 유기적인 면을 절감하게 될 것입니다.

　평화가 우선이라는 사람도 맞고 통일이 반드시 필요하다는 사람도 맞습니다. 평화라는 과정을 통해서 통일로 가기 때문이지요. 통일과 평화를 서로 대칭점으로 보거나 모순으로 보지 않으면 좋겠다는 말씀을 드리고 싶습니다.

　Q. 2018년 현재 한반도가 평화 무드로 다가가고 있는데요. 대한민국 국민이라면, 특히 자기 자신을 진보적이라고 생각하는 이들이라면 어떤 일을 준비하고 실행해야 할까요?

　자기 자신을 진보적 시민이라고 여기는 이들에게 드리고 싶은 말씀은 한반도 문제에서 진보라는 개념이 무척 복잡미묘하다는 점입니다. 여기서 우리의 반미감정에 대해서도 잠깐 언급할 필요가 있겠는데요. 우선 반미감정과 반미주의는 엄연히 다릅니다. 어떤 분들은 한국의 반미주의가 엄청 세다고 이야기해요. 하지만 '-주의'는 철학이고 방향성과 지속성을 가진 사조입니다. 그렇게 따지면 우리나라에는 그런 반미주의가 거의 없어요. 오바마 대통령이 오면 즉, 민주당 계열의 대통령이 오면 잠잠하다가 공화당 계열의 대통령이 오면 격렬히 시위를 벌이는 식이거든요. "트럼프 물러가라, 부시 물러가라", 이렇게 말하는 건 미국의 특정 정책을 반대하고 있단 뜻이잖아요. 그건 하나의 '-주의'가 아니라 우리 국가이익에 따라 움직이고 있다는 뜻이에요. 국가이익을 염려하는 시민단체들이 그에 맞게 행동에 나서는 거죠.

대북정책에서의 진보 또한 살펴볼까요. 남북관계에서 진보와 보수를 따지는 일은 하나의 공동체 내에서 가치 실현을 둘러싸고 대립하는 여타의 분류 방식과는 조금 다른 것 같아요. 혹자는 남북관계와 한미관계가 서로 어긋난다고 보고 한미관계보다 남북관계에 더 비중을 두면 진보, 한미관계의 중요성을 더 강조하면 보수라고 규정하기도 합니다. 이런 맥락에서 진보를 친북 혹은 반미로 묘사하고 보수를 반북, 친미로 부르기도 하지요. 하지만 우리의 생존과 발전에서 한미관계와 남북관계는 모두 핵심적 요소예요. 이 둘을 서로 보완하는 요소로 보고 이들을 잘 관리해가는 것이 곧 국가전략이라는 명제에는 진보와 보수가 큰 이견을 보이지 않지요. 이런 점에서 이와 같은 편 가르기는 다분히 감성적으로 사회갈등을 유발하려는 정략적 분류라고 볼 수 있습니다.

남북관계에서 진보적 시각을 갖춘 이들은, 우선 북한을 주권적 실체로 인정해요. 다만 양측 관계는 민족 내부의 독특한 관계로 인식하고 우리가 실현해야 할 비전을 평화와 공동번영, 통일로 보고요. 그리고 적대적인 남북관계가 지닌 위험을 직시하며, 이를 해소하려는 노력은 하지 않은 채 '평화 없는 통일의 길'을 추구하는 행위를 모험주의적 행동으로 보고 반대합니다.

그동안 역대 보수정부 아래서 남북관계는 북한과의 대결 국면 조성을 통해 위기에 처한 정권의 탈출구나 정권 강화에 빈번히 이용되어왔습니다. 그러나 그 정권들의 이러한 부도덕한 행태는 남북관계를 퇴행시킬 뿐이었고 국민들에게 통일에 대한 회의감만을 부추기는 부정적인 결과를 초래했지요.

따라서 진보의 대북정책이라면 정치권력이 자신의 정치적 이해를 충족시키기 위해 남북관계를 악의적으로 이용하는 것을 단호히 거부해야 해요. 진보의 대북정책은 특히 북한의 대남 태도에 긍정적인 영향을 미쳤습니다. 1998년 국민의정부 출범을 계기로 본격 추진된 대북포용정책이 대표적이지요. 북한은 남한의 포용정책에 대해 국민의정부 초기에는 자신을 장기적으로 붕괴시키고자 하는 '술책'으로 보고 반발하기도 했어요. 하지만 이내 2000년 6월 남북정상회담을 수용하고 대남 화해노선으로 전환했습니다. 그뒤 한반도 평화를 위한 논의에서도 기존의 남한 무시, 미국 우선이라는 행태를 버리고 남한을 대화의 주체로 인정하게 되었습니다. 그동안 북한이 금과옥조처럼 주장해오면서 사실상 남북관계 개선의 커다란 장애물이 되어온 '주한미군 철수' 주장도 더이상 회담장에서 거론하지 않았지요.

이제 새로운 전환의 시대를 맞이하여 변화의 양상을 올바로 보고 흔들림없이 나아가는 것은 한반도 평화와 통일을 위해 우리 공동체가 수행해야 할 당면과제라 할 수 있습니다.

2

평양 시민들과
북한 인민들은
어떻게 살고 있을까

박영자 朴英子

성균관대학교에서 정치학 박사학위를 받고, 숙명여자대학교·성균관대학교·이화여자대학교에서 연구교수로 재직하며 북한 체제 및 젠더사 연구와 강의를 진행했다. 현재 국책연구기관인 통일연구원 북한연구실장으로 일하며, 북한을 중심으로 한 시스템, 체제 변동, 균열과 통합 등을 연구하고 있다. 통일부, 민족화해협력범국민협의회, 지자체 등의 북한·통일 분야 자문위원으로 활동 중이다. 지은 책으로 『북한 기업의 운영실태 및 지배구조』 『북한인권 제도 및 실태 변화추이 연구』 『전환기 쿠바와 북한 비교』 『북한의 시장화와 정치사회 균열』 『김정은 시대 조선노동당의 조직과 기능』 등이 있다.

평양 사람들의 삶을 통해서 본 북한의 일상

평양 시민과 북한 인민의 삶을 말씀드리려면 북한이 사회적·경제적으로 어떤 변화를 겪었는지, 또한 이 변화가 지역별로 어떤 차이를 보이는지를 이야기해야 할 것 같습니다. 남한이 그러하듯 북한 역시 대도시 수도권 중심으로 변화가 먼저 찾아오고 그것이 점차 전국으로 퍼지는 양상을 보입니다. 그렇다면 지금 평양 시민들의 삶의 모습이 2020년, 2025년이 되면 북한 전역의 생활양식으로 자리잡을 것이라는 전제하에 지금 평양의 일상을 위주로 살펴보는 것이 어떨까 합니다.

북한이 정보화가 덜 이뤄졌기 때문에 아직까지 평양 중심부와 함경북도 간의, 아니면 두메산골 같은 시골 지방에 사는 사람 간의 정보 차이는 상당히 큽니다. 예를 들면 제가 2015년에 만났던 탈북자는 상당한

오지에서 온 분이었는데, 북한에서 핵실험을 했다는 사실조차 몰랐다고 해요. 북한에서 핵실험이 있는 날에는 평양 시민들이 군중대회에 참여하여 실험 성공에 대해 교육도 받고 열렬히 환호하기도 하는데, 외딴곳에 사는 그분의 경우는 탈북한 뒤에야 그 일을 알았다고 할 정도로 지역 간의 정보 차이가 무척 큰 거죠.

이처럼 정보의 차이가 있음에도 불구하고 정보라는 건 한번 물꼬가 터지면 순식간에 속도감 있게 전달되는 특성이 있기 때문에, 남북관계가 정상화되고 향후 남한과의 교류협력이 잦아지면 그 속도와 파급력은 더욱 커질 것으로 보입니다.

북한 사람들의 삶을 이해하는 몇가지 키워드

이 글에서는 우선 북한을 이해하기 위한 몇가지 키워드를 제시하고, 남북 간의 이질감을 극복하기 위한 방안을 다루고자 합니다.

첫번째 키워드는 북한이 말하는 소위 문명국가와 그 국가상이 지금 어떻게 발현되는지에 대해서입니다. 김정은정권이 들어서고 특히 교육 개혁, 그중에서도 체육, 공연 등 문화 측면에서의 개선이 두드러졌어요. 이는 김정은정권이 이제 문명강국을 건설하겠다며 꿈꾸는 사회경제 발전상의 전형입니다.

두번째, 북한의 세대차이입니다. 북한 사람들 내에서 세대 간 격차가 어떻게 나타나는지 특히 젊은 세대의 자유연애나 결혼관, 출산율 변화를 위주로 살펴보겠습니다. 출산율의 경우 한국보다는 높지만 눈에 띄게 저하 현상을 보이고 있거든요. 현재는 OECD국가 평균보다 더 낮은 1.8명 수준인데 그 원인이 무엇인가 살펴보고자 합니다.

세번째, 정보기기와 첨단기기가 평양을 중심으로 주요 대도시에서 급속도로 확산되고 있는데 그 양상이 과연 어떤지를 들여다보려 합니다. 사회가 정보화되고 첨단기기가 늘면서 한류가 자연스럽게 북한사회에 녹아들고 있는데 그 정도가 어떤지도 알아보겠고요.

네번째, 북한의 시장화와 경제적 자율성입니다. 시장경제가 북한 주민의 삶에 어떤 식으로 변화를 가져다주는가, 도매시장과 소매시장의 분화양상은 어떤가 등을 중심으로 살펴보면서 이에 더해 경제적 자율성 문제도 함께 다뤄보고자 합니다. 김정은정권 들어서 경제난을 국가가 책임질 수 없음을 공표하며 각 기업이나 단위에 자력갱생의 권한을 줬습니다. 그에 따른 경제적인 자율성의 양상은 어떠하고, 이와 함께 노동자들의 능력주의 또는 한국으로 치면 사장에 해당하는 지배인의 능력주의는 어떻게 발현되며, 국영기업 체제임에도 불구하고 능력에 따라 인센티브를 주는 제도를 실시했는데 그 실태는 어떠한가를 말씀드리고자 합니다.

다섯번째, 물가와 환율의 양상입니다. 물가와 환율은 그 사회의 안정적 삶의 기준인데, 김정은정권의 주요 특징 중 하나가 이 물가와 환율이 상당히 안정되었다는 점입니다. 여기서는 특히 북한 신흥부유층 '돈주'에 대해서도 살펴보려고 합니다. 언론에서 요즘에 많이 다루는 '돈주'의 정체, 그들이 북한사회에서 어떤 역할을 하고 어느정도 규모의 자

2018년 여름 북한 금산포 젓갈공장을 찾은 김정은 위원장과 리설주 여사. 근래 들어 조선중앙통신은 북한 내 경공업 공장을 두루 살펴보는 김정은의 모습을 적극적으로 알려왔다.

본을 갖고 운영하는지, 그들이 주도하는 상업, 서비스업, 건설업 발전의 양상이 어떤가를 말씀드리고자 합니다. 그리고 북한의 아파트 같은 삶의 양식 변화를 다루려 합니다. 북한 아파트의 현대화, 지역격차 등을 위주로 소개해드리겠습니다.

문명국가를 향한 노력: 교육개혁

김정은정권의 등장은 사실 상당히 갑작스러웠습니다. 김정일은 본래 자신이 좀더 살 거라 생각하고 후계체계를 준비하는 상황이었는데, 그가 갑자기 2011년 12월 사망하면서 그의 아들 김정은이 정권이양의 준비를 채 마치지 못한 상태로 최고지도자로 등극하는 과정을 거쳤죠. 그러면서 초기 4, 5년간은 김정은이 자신의 지배철학을 만들어내고 그걸 함께 이룰 사람들을 추려가는 과정이었습니다.

소위 측근연합이라고 부르는 그 지배연합을 구축하는 과정에서 상당한 숙청과 그에 따른 무리수, 각 당·군·정의 권력구조 변화 등이 있었습니다. 이를 거치면서 정권이 안정에 도달했다고 판단하고는 2016년 제7차 당대회를 기점으로 김정은이 30여년 집권플랜의 상을 제시합니다.

이 설계안에서는 두가지를 주목해야 합니다. 하나는 과학기술을 통한 경제발전이고, 다른 하나는 문명국가 건설입니다. 문명국가란 북한 사회를 어떻게 이끌어갈 것인가에 대한 모델이지요. 김정은은 '문명강국'을 제시하며 이를 '인민들이 높은 창조력과 문화 수준을 지니고 최상의 문명을 최고의 수준에서 향유하는 나라'라고 정의했습니다. 김정일이 자기 자식들을 주로 스위스 등의 서유럽으로 유학 보낸 이유가, 스웨덴이나 스위스같이 상대적으로 안정된 환경을 갖추고 주민들이 선진화된 문명을 접할 수 있는 사회를 꿈꾸던 그가 차기 지도자에게 그 상을 심어주기 위해서라는 이야기도 있었고요.

문명강국을 대체 어떻게 건설할 수 있는가. 김정은은 그 건설과업으로 총 다섯가지를 제안했는데요. 크게는 교육 분야 즉 어떤 인간형을 만들어낼 것인가를 내세웠고, 그다음으로는 경제난 이후 상당히 열악해진 보건 분야를 꼽았습니다. 또한 인민들이 집단적으로 몸과 마음을 건강히 하도록 주력하자는 취지로 체육 분야를 꼽았고 그다음이 문화예술, 도덕 분야입니다. 이 중에서 보건 같은 분야의 개선에는 막대한 비용이 들죠. 무상의료제가 전면화되기 위해서는 소득 수준 자체가 높아져야 하고 국가의 부가 상당히 축적되어야 하니까요.

교육개혁에서는 학제개편이 대표적입니다. 이전까지는 11년제 의무교육제였는데 1년을 더 늘려 12년 의무교육제도를 도입했습니다. 구체적으로는 기존의 4년제였던 초등교육을 5년제로 바꾸었습니다. 북한의 교육제도는 기본적으로 유치원의 낮은 연령 반을 보건 분야에 넣고, 연령 높은 반을 학제교육으로 편입합니다. 만약 7살이 되면 '유치원 높은 반'에 들어가 이때부터 교육부가 관할하는 취학 전 1년 교육을 받는 식이에요. 여기에 초등교육 5년이 더해지고요.

중등교육 6년은 유럽식인데요. 서구에서는 중학교, 고등학교가 분할되지 않고 하나로 연결돼 있잖아요. 이에 비해 북한의 중등교육은 낮은 중학교, 중등중학교, 고급중학교를 합해 총 6년제로 이뤄져 있습니다. 이렇게 유치원부터 초등을 거쳐 고급중학교까지 총 12년 의무교육제도로 전환된 거죠.

2012년에 이 계획을 발표하고 나서 단위별로 시범실시를 했고 2013년에는 거의 전지역에서 12년 의무교육제를 완성했다고 공표했습니다. 그때부터 본격적으로 보급한 교과서는 본문의 조판과 서체 등을 완전히 탈바꿈했다는 점, 본문의 색 또한 완전 컬러로 바꼈다는 점이 이색적이고요. 국제화, 세계화라는 테제가 교과 내용에 들어간 것도 주목할 만합니다.

이처럼 학제를 전면적으로 개편하고 컬러판 교과서를 무료 보급한

다음에 학생들이 창의적인 기술 분야나 자기 전공 분야에 흥미를 갖도록 유도하려는 게 북한의 현재 교과과정의 특징입니다.

입시제도와 교육열도 살펴볼까요. 입시제도는 대학을 기준으로 들여다보겠습니다. 북한에서는 매년 1월 예비고사를 치릅니다. 대학에 가고자 하는 사람은 예비고사를 치르고 성적, 출신성분, 지역할당이라는 기준에 따라 대학을 추천받습니다. 그리고 나서 2월과 3월 사이에 해당 대학에서 본고사를 치릅니다. 학생들은 자신이 추천받은 대학에 가서 본고사를 치르고 그 결과에 따라 3월 말에 최종 합격통지를 받고 뒤이어 4월에 대학에 입학합니다. 우리가 3월에 개강하는 것과는 다소 차이가 있죠.

교육열이 남한 못지않습니다. 북한의 사교육이 지금 엄청나게 커지고 있어요. 부의 수준에 따라 상·중·하층으로 나뉘는데, 그중 중층에 속한 이들이 자기 자본을 갖고 장사를 하면서 여윳돈이 생겼어요. 또 1990년대 고난의 행군 시기에 식량난을 겪으면서 자녀 수를 줄였습니다. 여성들이 밖에 나가 장사해서 먹고살아야 하니 자식들을 많이 낳아봐야 두 명 정도였던 거죠. 그러다보니 자식에 대한 애정이 상당히 커졌고요. 이전처럼 많이 낳아 자유롭게 키우는 분위기는 사라지고 이제 부모가 한 자녀의 미래를 온전히 책임지려는 문화가 확산된 겁니다.

과외가 일상화되었어요. 북한은 당 간부가 되어야만 출세의 기회를 잡기 때문에 그 조건을 충족시키기 위해 좋은 대학을 보내야 하죠. 그리하여 중층 이상의 학생들 중 상당수가 과외교육을 받는다고 볼 수 있습니다. 북한이 본래 예술수업을 중시해서 특히 2000년대 중반까지만 하

2018년 6월 14일 평양 교원대학의 수업 모습. 가상현실(VR) 교재를 쓰고 있는 모습이 이색적이다. 북한은 현대화 교육을 실현한다는 목표를 내세우며 특히 과학기술 교육에서의 혁신을 꾀하고 있다.

더라도 학생들이 악기 하나쯤은 다루도록 가르쳤는데, 2000년대 말부터는 대학입시를 위한 영어, 중국어, 컴퓨터 등의 과외가 급격히 늘었습니다. 과외방을 연 교사가 3명 내지 5명가량의 학생들을 그룹과외식으로 가르치기도 하고요. 입주과외도 방학 같은 때에 당 간부 자녀들을 대상으로 성행하고 있고요. 그 양상이 남한과 다를 바 없죠.

평양, 신의주, 혜산, 청진 등의 대도시에서는 이와 같은 과외가 일반적입니다. 전문 과외 선생님의 경우는 우리처럼 상당한 고액을 받고 일하고요. 2000년대 말까지만 해도 교사들이 부업으로 과외를 했어요. 왜냐하면 교사들의 월급이 많아야 4000원 선이었거든요. 당시엔 교육 자체가 '거두매'라는 이름으로 학부모들이 교사들의 생계를 책임지는 구조였고요. 그러다가 2000년대 말부터 직업적인 과외 선생님들이 등장하기 시작한 거죠.

대학입시 관련하여 뇌물도 상당히 성행해요. 1970, 80년대 남한에서 학부모들이 작은 책자에 촌지를 끼워넣어 선생에게 건네주었듯이 북한에서도 똑같은 일이 일어난다고 해요. 다만 이 현상을 북한에서는 마냥 부정적으로 볼 수 없을 것도 같네요. 왜냐하면 국가에서 지급되는 급여가 워낙 적은 상황에서 대학이나 학교가 운영되는 데에 이 돈이 쓰이기 때문입니다. 예를 들어 내가 뇌물을 100만원 받았다면, 그중 50만원은 나와 주선자 등이 갖고 나머지 50만원은 해당 기관 즉 대학이나 학교의 운영비로 돌린다고 해요.

흥미로운 양상도 있어요. 일례로 김일성종합대학에 들어가려면 마찬가지로 성적, 출신성분, 지역할당 순으로 기준을 통과해야 합니다. 만약 성적이 엇비슷할 때엔, 다시 말해 성적·출신·지역이 거의 일치할 경우에는 행정권이라고 불리는 자율적인 범주로 그 판단이 이관됩니다. 이때 뇌물이 개입되는 거죠. 2010년 기준으로는 그 금액이 1만달러로 정해져 있다고 하는데요. 돈을 그렇게 '찔러넣고' 나면 그것으로 힘을 써서 최종적으로 합격된 이의 돈을 대학이 접수합니다. 다만 합격이 안 된 사람의 돈은 반환해주고요. 합격되지 않으면 그 돈을 돌려줘야 한다는 암묵적 합의가 이뤄진 거죠.

체육에 대한 관심도 어마어마합니다. 김정은이 좋아한다는 농구뿐 아니라 축구, 체조 등이 대중적입니다. 각 중학교별로 축구반을 조직하여 학생들을 집중 육성하고요. 2012년 11월엔 국가체육지도위원회를 창설하여 당시 최고위급 간부였던 장성택(張成澤)을 위원장으로 하고 그다음 2인자인 최룡해(崔龍海) 등으로 위원을 구성했습니다. 체육강국이라는 캐치프레이즈를 내건 만큼 전인민의 집단주의적 행위를 지향한다고 봐도 되겠고요. 다른 한편 선진국들이 교육과정에서 체육을 중시하는 것과도 맥이 닿습니다. 김정은이 유학했던 스위스만 하더라도 학업의 3분의 1가량이 체육에 할당되거든요.

문화적인 측면도 강조되고 있어요. 북한판 걸그룹이라고 불리는 모란봉악단의 인기가 대단해요. 이번 정상회담 전에 열린 남북예술공연에 그들이 나오면서 남한 TV에서도 소개되었고요. 이 악단이 2012년 7월 조직되었는데, 숏팬츠에 민소매 등 화려한 의상과 생기발랄한 동작으로 유명합니다. 이처럼 신세대 문화를 반영한 활발하고 역동적인 문화공연들이 상당히 확산되고 있습니다.

'김정은세대'의 등장: 세대차이

세대차이와 자유연애도 주목할 만합니다. 북한의 세대차이가 커진 기점은 2000년으로 볼 수 있는데요. 1990년대 최악의 경제난을 거치면서 90년대 말에 시장을 합법화하고 시장경제를 허용하면서 2000년대에 들어서부터는 경제가 회복기에 접어듭니다. 이때부터 '장마당 경제'가 주민들의 삶에서 없어서는 안 되는 요소로 자리잡았어요. 모든 생필품을 시장에서 구입하고 거기서 생활을 유지하는 사람들이 늘면서 자연스럽게 이 시장생활권에서 유아기를 보낸 세대가 있습니다. 그들이 바로 지금 20, 30대가 된 이른바 '김정은세대'입니다. 김정은이 1984년생인데 이 나이대에 있는 동년배들이 시장경제를 익숙하게 경험했다는 거죠.

시장이 인간에게 주요하게 미치는 영향은 자기 자신이 좋아하는 것이 무엇인지를 스스로 고민하게 한다는 겁니다. 본래의 배급사회에서는 이미 주어진 것들을 입고 먹는 식이었어요. 생계를 고민할 필요가 없었죠. 그에 비해 시장경제는 내가 시장에 가서 물건을 선택하는 거잖아요. 이렇게 선택할 때마다 고민에 빠지게 되죠. 소비정치라는 말도 있듯이 '내가 뭘 좋아하지?' '어떤 걸 살까?'를 고민하면서 그 사람 삶의 양식과 의식이 차차 바뀌는 겁니다. 그러려면 지금 이 사회에서 뭐가 유행하는지 등을 고려해야 하잖아요. 이를 통해 사회 전체가 조금씩 바뀌어 가고 '기호'라는 것도 생겨나죠. 즉 개인과 사회의 의식이 새롭게 형성되는 겁니다.

이 같은 의식형성을 거친 세대가 바로 지금 '시장세대' '김정은세대'라고 불리는 청년들이에요. 이들이 가장 중요하게 여기는 건 자신이 행복해지려면 뭘 해야 하는가예요. 그들은 어려서부터 물질이 무척 중요하다는 것을 체감하기도 했고요. 우리와 다를 바 없죠. 개인의 행복추구를 우선시하면서 국가의 정치적 중대사가 발생해도 그건 그때마다 대응하면 된다는 인식이 생겨나는 거죠.

한국 청년들과의 차이라면 그들은 아직까지는 가족주의적인 성향이 상당히 강해요. 체제 붕괴 직전에 그들이 살아남을 수 있었던 이유를 가족 특히 어머니의 희생에서 찾는다는 주장도 있고요. 어머니의 희생으로 고난을 견딜 수 있었기 때문에 북한의 청년세대는 가족에 대한 애착이 특히나 각별합니다. 탈북의 형태를 유심히 보더라도 부모가 먼저 내려오기보다 자식이 먼저 나와 부를 조금이라도 쌓고 나서 부모를 데려오는 양상이에요. 특별한 애착이 있기에 반드시 나중에는 만나려고 하는 거죠.

청년세대들은 해외 소식에도 상당히 민감해요. 한류를 주도하는 세력이기도 하고요. 외국 정보에 밝지만, 그럼에도 이들은 김정은정권에 대한 지지도가 상당히 높습니다. 이런 다소 모순되어 보이는 현상에 대해서는 다소 설명이 필요하겠지요?

북한은 모병제임에도 불구하고 다들 군대를 당연히 거쳐야 하는 삶의 경로라고 봐요. 군대에 가면 기본적으로 집단생활을 하는데 거기서 다양한 부류를 만납니다. 개중에는 살아남기 위해 장삿속을 발휘하여 중학교 때부터 시장에 나가 돈을 번 이들이 적지 않습니다. 그들은 다른 것보다 성과를 가장 중요시합니다.

김정은의 등장이 그런 젊은이들의 취향과 상당히 잘 맞아떨어졌어요. 김정은이 성과중심적이고 또 성격이 급하거든요. 뭔가 자꾸 선보이길 원하는 스타일이죠. 대도시 중심으로 서양식 건설이나 과학기술 개선 같은 미래지향적 정책을 제시했다는 점도 김정은에 대한 지지의 비결이고요. 거기에다 청년중시정책을 제시하기도 했고, 부패한 간부를 숙청하기도 했고요. 우리는 고위직 숙청을 공포정치로만 봤지만, 북한의 젊은 층들은 이를 적폐청산의 흐름으로 받아들였던 것입니다.

상대적으로 중장년층세대, 즉 부모세대는 김정은에 대한 불안감이 적지 않아요. 30대 후반부터 50대까지의 세대들이죠. 이들은 여전히 스스로가 국가나 사회를 자기 어깨에 짊어지고 있다고 생각합니다. 그러다보니 김정은정권이 들어서고 사회가 빠르게 변화하는 것에 대해 불안감을 갖고 있습니다. 자칫 잘못하면 자기 삶의 근간이 무너질 수도 있잖아요. 시장화가 점점 전개되면서 계층별, 지역별로 격차가 심해지면서 이 체제와 정권에 대한 불만이 상대적으로 가장 높아진 세대이기도 합니다.

상황이 이러다보니 세대차이로 인한 갈등은 불가피해 보입니다. 기성세대들이 보기엔 자식세대들이 자유만을 지향하고 또한 호전적이어서 핵이나 미사일에 대해 절대적인 지지를 보이고 있거든요. 청년들의 무책임한 호전성에 대해 우려하는 거죠.

결혼과 출산 기피: 여성관의 변화와 자유연애

북한의 여성상 또한 잘못 알려진 것들이 많습니다. 북한의 여성은 흔히 조선의 아름다움을 간직한 여성이라고 불리면서 부끄러움을 잘 타는 모습으로 그려지는데요. 그건 진짜 환상입니다. 실제 북한 여성들은 상당히 진취적이에요. 생활에 대한 책임감이 무척 강하고요. 어떤 측면으로는 경제난 이후에 남성들이 국가방위를 책임지는 전쟁의 전사로서의 역할을 맡았다면, 여성들은 후방의 가정을 책임지는 어머니로서의 역할을 부여받았다고도 할 수 있고요.

먹고사는 문제에 매진하다보면 다른 분야에 아무래도 관심을 덜 갖게 되죠. 예를 들면 사회생활에서는 대단히 진취적인데 부부 사이에서는 정반대로 순종적일 수 있어요. 40대 이상 탈북여성의 삶을 지켜보면 생활력이 강하고 너무나 진취적이며 자기 주장도 강해요. 그렇게 열심히 사는 사람인데 문제는 집에 가서도 그런다는 거예요. 새벽 3시까지 쉬지 못하고 집안일을 해요. 그때 남자들은 놀고 있고요.

젊은 세대들은 달라요. 저런 아버지, 어머니처럼 살지 않겠다는 생각으로 상당히 역동적인 삶을 선택하는 거죠. 자기가 직접 시장에 나가 상점을 연다거나, 연애를 하더라도 무척 적극적인 면모를 보여요. 남녀가 팔짱을 끼는 정도가 아니라 서로 누워 어깨동무하고 있는 모습이 요즘 들어 공원에서 자주 목격된다고 해요. 거기에는 김정은 부부의 개방적이면서도 세련된 이미지정치도 작용하는 듯하고요.

결혼과 출산을 기피하는 여성들이 상당히 많아졌어요. 결혼하면 억세게 생계를 책임져야 한다는 게 당연한 세태이다보니 특히 젊은 여성의 경우에는 결혼을 최대한 늦추거나 안 하려고 하죠. 일례로 최근 탈북민 200명에게 설문조사를 했는데 결혼 후 자녀를 낳지 않겠다는 비율이 약 15퍼센트나 됐어요. 결혼관 또한 이전에는 당원이나 돈이 많은 사람을 위주로 상대를 골랐다면 지금은 돈도 보지만 그보다는 능력이나 미래의 전망을 본다고 해요. 또 본인은 아니더라도 자식은 해외에서 키우겠다는 추세고요. 북한 상류층의 경우는 자식을 해외로 보내고 북한에서 행방불명으로 처리하는 식이죠. 자녀를 해외로 보내놓고는 몰래 브

2013년 10월 13일 중국 신화통신의 기자가 찍은 평양 놀이공원의 모습. 평양에서는 최근 놀이공원, 영화관 등이 많이 지어지고 있으며, 그곳에서는 이처럼 남녀가 어울리는 모습을 흔히 볼 수 있다.

로커를 통해 생활비를 보내주기도 하고요.

북한의 노동자 송출과 그 노동자들의 인권문제가 언론에서 다뤄진 적이 있는데요. 북한에서 해외로 나가려는 노동자들은 관련 기관에 1만달러씩 내야 해요. 뇌물을 줘야 하는 거죠. 그럼에도 얼마나 많은 사람들이 해외로 나가려 하는지 몰라요. 바깥으로 나가 새로운 세상에서 일해보고 싶은 욕구들이 상당히 커요. 그들이 벌어온 외화가 거대한 달러·외화 시장을 형성하여 북한 내 시장에 영향을 미치기도 하고요.

최신 휴대전화 '아리랑'과 '평양': 정보화와 한류

첨단 정보기기의 증가와 한류를 살펴보겠습니다. 휴대전화는 북한 인구의 20퍼센트 이상이 사용하고 있습니다. 약 500만명 이상이 가입자로 집계되고 있고요. 이렇게 비약적으로 증대한 것은 북한산 스마트폰이 개발되어 판매되기 시작하면서부터였습니다. 북한산 스마트폰이 두가지예요. '아리랑'과 '평양'. 아리랑은 전원을 켜면 아리랑 민요가 흘러나와요. 북한의 체신성, 즉 우리의 정보통신부 우정사업본부에 해당하는 부처에서 휴대전화 판매를 담당하죠. 태블릿PC도 자체 생산에 들어섰고요.

2014년부터는 스마트기기 활용이 비약적으로 늡니다. 어플리케이션도 다양하게 개발되고 특히 온라인쇼핑몰을 핸드폰으로 이용할 수 있게 되었다는 게 특징이에요. 단 데이터 전송은 안 돼요. 여전히 정보통제 영역에 있기 때문에 2G나 LTE 같은 인터넷은 이용할 수 없는 거죠. 북한식 인터넷은 우리가 회사나 대학에서 쓰는 인트라넷과 유사한데, 북한 국내에서만 자체적으로 운영되는 내부망입니다.

당 간부나 장사하는 사람이라면 휴대전화를 보통 두대씩은 갖고 있다고 보면 됩니다. 기본적으로 북한산을 한대 갖고 있고, 또다른 하나는 외국 특히 중국 사람들과 거래하기 위해 중국 유심칩을 꽂은 거예요. 국내용 하나, 해외용 하나를 들고 다니는 셈이죠.

젊은이들은 휴대폰의 부가기능을 즐겨 사용해요. 예를 들면 사진이나 동영상을 촬영하고는 자신의 유심칩이나 SD카드를 친구들과 공유하는 거예요. 이게 그들 개인의 취미로 발전해가고요. 더 나아가 이를 전파하고 자신의 작품을 평가받고자 하는 인정욕구가 확대되어가는 추세예요. 누군가로부터 자신의 가치를 인정받을 때, 우리가 SNS에서 '좋아요'가 몇개인지를 매번 확인하는 것처럼, 북한의 젊은이들도 그런 교류와 인정을 즐기기 시작하면서 개인의 자아나 의지가 새롭게 형성되는 거죠.

휴대전화 보급이 확대되면서, 과거에는 CD나 USB를 통해 남한의 한류문화 등 해외의 문물이 입수되었다면 이제는 그것들이 SD카드 등으로 유통됩니다. SD카드는 보관이 용이하고 쉽게 숨길 수 있어 어지간하면 단속에 걸리지 않죠. 이처럼 한국의 드라마나 소설이 SD카드를 통해 청년들 사이에서 돌고 돕니다.

젊은이들이 남한의 문화와 음악을 자연스럽게 접하면서 남한이 경제적으로 발전했다는 사실도 알게 되었고요. 이때 자칫 잘못하면 남한의 삶을 하나의 환상으로 가질 수 있다는 점은 우려됩니다. 드라마 속 모습이야 유토피아 같으니까요. 또 한국의 드라마가 심리적으로 건강한 내용이 아니잖습니까.(웃음) 이런 드라마를 주로 접하다보니 신데렐라를 꿈꾼다든지 누구나 다 재벌인 것처럼 착각하게 되는 거예요.

일례로 어느 20대 초반 탈북여성에게 탈북 이유를 물었더니 "송혜교처럼 살고 싶다"라고 대답한 것처럼 어처구니 없는 일도 발생한답니다. 소비 중심으로 사고하게 된 북한 젊은이들이 드라마만 보고서는 남한에서는 하늘에서 그냥 돈이 떨어지는 줄 알았다고 하더라고요. 북한 사람들은 상대적으로 정보가 제한된 상태인데다 순진하기 때문에 자칫 그렇게 오해할 수도 있는 거죠. 그런데 생각했던 것과는 다르게 돈이 어디에서도 안 떨어져서 너무 힘들다고… (웃음)

그래서인지 그 나름 생각있는 이들은 다큐멘터리를 선호한다고 해요. 남한정부나 해외정부를 비교하여 볼 수 있는 프로그램 같은 걸요. 일례로 남한의 「남북의 창」 같은 프로그램을 보면 남과 북을 쉽게 비교할 수 있잖아요. 남한에서 북한을 보는 시선도 확인할 수 있고요.

북한 인터넷은 앞서 말씀드린 것처럼 내부망이에요. 그걸 통해 이러닝(E-Learing), 즉 인터넷 교육을 합니다. 교육학술 분야나 전자상거래, 온라인쇼핑몰, 기업홍보 분야의 약진이 두드러집니다. 기업에서도 홈페이지를 만들어서 선전하고요. 현재는 남한에서 북한 인터넷을 차단하고 있는데 이제는 서로 그럴 필요가 없습니다. 오히려 개방해서 서로 접속하고 알아가야 남북교류에 훨씬 도움이 되거든요.

일한 만큼 번다: 시장화와 경제자율성

북한의 노동자들은 돈이 단순한 생존뿐 아니라 나와 가족의 풍요를 담보하는 수단이라는 것을 인식하게 되었습니다. 사회적 자본의 보유 및 사유재산의 규모에 따라 노동계층 내부에서도 생활수준별로 계층이 나뉘고 있어요. 그러면서 더 나은 생활을 향한 욕구가 늘어가는 것이지요. 이 같은 욕구는 1990년대 말 생존을 위해 탈북하거나 중국으로 가서 돈을 벌어 돌아가는 식으로 사람의 이동이 늘면서 더욱 커졌고요. 이 후

름에 따라 개혁과 개방에 대한 요구가 늘고 있으며 본래 북한의 주요 특징이었던 집단사회가 쪼개지는 양상을 보이고 있는 거죠.

일상생활에서는 시장경제의 활성화 정도를 주목할 만합니다. 2018년 현재 기준으로 종합시장이 군단위별로 최소 2개에서 최대 4개까지 활성화되어 있습니다. 우리로 치면 청량리 경동시장 정도의 합법적 대형시장이죠. 시장마다 매대가 잘 구비되어 있고, 그 시장 주변으로는 흔히 메뚜기시장이라고 불리는 크고 작은 시장들이 덧붙여져 더욱 확장세인 상황입니다. 그 시장에 최소 2~3만명, 최대 10만명까지 사람들이 들고 나고요.

여기에 도매시장과 소매시장이 분화되기 시작하죠. 북한의 대표적 도매시장이라면 평양시장, 평성시장, 신의주시장, 혜산시장, 청진시장, 함흥시장 등인데요. 이렇게 주요 도시를 연결고리로 하여 번성하는 시장들이 도매 역할을 해서 거기서 물건을 떼어와 좀더 작은 규모의 시장으로 특산품을 연계하기도 합니다. 그러다보니 버스, 배송 트럭 등 각종 운수업이 발전하게 되고요.

북한 주민들 삶의 변화가 가장 빨리 나타나는 지역이 평양, 평성, 신의주, 남포로 이어지는 서해안 라인입니다. 또 하나는 원산으로 거기서는 일본을 주요 대상으로 하여 원산갈마 관광지라는 대규모 관광단지를 개발하고 있고요. 양강도 혜산 지역은 탈북자가 가장 많은 곳이기도 한데 조중접경지역으로 압록강, 두만강과 상당히 가깝습니다. 가뭄으로 강바닥이 드러나거나 한겨울 얼음이 꽝꽝 어는 때에는 어른 걸음으로 5분이면 건널 수 있는 곳도 있습니다. 여기에 러시아와 중국과 만나는 청진, 나진·선봉, 두만강의 소위 삼각지대까지 하여 총 4대 축이 시장을 형성하고 있습니다.

기업관리 제도에서 지배인이 하는 역할에도 주목할 필요가 있습니다. 남한의 중소기업에 해당하는 '지방기업' 같은 경우에는 품질개선이나 인력운용 분야에서 지배인에게 상당수의 권한을 이양했습니다. 기업이 알아서 자립할 수 있는 권한을 준 거죠. 이는 김정은정권이 생존할 수 있는 중요한 이유 중 하나이기도 합니다. 너희들이 알아서 생산하고 판매해도 좋다고 한 거니까요. 물론 토지와 시설 이용료는 국가에 냅니다. 국유 토지와 국유 시설에 이용료 명목으로 그해 이익금의 20~30퍼센트를 중앙 상부기관에 세금 조로 내는 거죠.

노동정책에서도 노동자가 일한 만큼 받는 걸 허용하기 시작했습니다. 기업의 능력에 따라 노동자들에게 배급을 줍니다. 물론 이렇게 자율적인 임금이 점점 정책화되어가긴 하지만 그럼에도 여전히 조선로동당 중심의 지도체제는 유지되고 있습니다.

10억원을 가진 돈주: 물가와 환율, 그리고 대부업

물가, 환율 등도 상당히 안정되는 추세입니다. 쌀 1kg이 북한 돈 5000원 수준으로, 김정은정권 들어선 뒤인 2012년 이후부터 지금까지 안정적으로 유지되고 있고요. 시장환율 또한 본래는 달러의 공식환율과 격차가 있었는데, 이제는 8000원선으로 정해져 외환시장이 굴러가고 있습니다. 이전 정권의 상황과는 전혀 다른 모습입니다. 현재의 북한정부가 물가나 환율 관리에 대단히 신경쓰고 있음을 알 수 있습니다.

2016년 중국이 본격적으로 결합하면서 국제사회 전반에서 대북제재가 강화됐잖아요. 하지만 대북제재가 발표되거나 단속시기에 변동이 있더라도 대개는 2~3개월 내에 북한경제가 다시 안정 추세로 가는 게 지금까지의 패턴이었습니다. 이렇게 안정적으로 대처할 수 있는 이유는 정권의 정책 때문이기도 하지만 주민들의 자생적인 생명력 덕택이기도 합니다.

예를 들어 혜산이나 신의주 같은 조중접경지역에 가면 산마다 '뙈기밭'이라는 농작지가 있습니다. 지면의 경사가 70도 이상 기울어진 밭을 일궈 식량을 자급하는 거죠. 이런 식으로 주민들이 알아서 생존하는 능력이 상당히 발전했습니다. 그러다보니 앞으로는 고난의 행군 같은 대량아사의 위기가 일어나지 않을 것이라는 것이 대다수의 관측입니다. 또한 '국산화 효과'라는 명칭으로 북한이 자국의 경공업제품 개선을 위해 수입대체 산업화정책, 국산화전략을 줄곧 강조해왔어요. 그러면서 어느새 북한산 제품이 유통되기 시작했죠.

사금고라고 부를 수 있는 '돈주'라는 개념도 살펴보겠습니다. 1970, 80년대 남한 근대화에 중요한 역할을 했던 게, 지금의 ○○캐피탈의 기원인 전주(錢主)입니다. 쉽게 말해 고리대금업자라고 할 수 있죠. 북한의 돈주가 이와 유사합니다. 이들이 하는 일은 무척 다양합니다. 대부업을 기본으로 하면서 환전도 해주고, 돈뿐 아니라 사람들도 연계해주고요. 규모가 큰 돈주의 경우 하청, 재하청 식으로 소규모의 돈주들을 줄

줄이 꾸려가기도 합니다. 기본적으로 10만달러 즉 1억원 이상을 사업비용으로 가진 사람들을 돈주라고 부르는데, 그중에서도 규모가 큰 유명한 돈주들은 100만달러 이상을 자본금으로 운영하기도 합니다. 건설업, 운송업을 운영하는 이들 중에 부유한 돈주들이 있다고 하고요.

이들은 주로 장마당 경제를 통해 기업이나 관료, 간부, 상인을 연계합니다. 중국의 '대방'과도 연계하면서 사업을 확장해가고 있고요. 북한의 운송업체를 비롯해 상업·서비스업 등을 발전시킨 주체라고도 할 수 있습니다. 택시, 버스, 택배 시스템들도 대개는 실제 투자자들이 돈주라고 하니까요.

커플탕이라는 신세계: 아파트 등 주민들의 생활양식

아파트의 경우는 고급주택 위주로 건축업이 발전하면서 북한도 우리와 비슷하게 대부분 30평형대 아파트를 선호하는 분위기가 만들어졌다고 합니다. 단 사회주의 북한의 아파트는 완공한 뒤에 분양해주는 식이 아닙니다. 앞으로 그 방식이 바뀔 수도 있는데, 현재까지는 철근과 시멘트로 뼈대와 골격만 갖추고는 전기배선, 각종 배관 등 모든 인테리어를 입주자가 알아서 갖추는 식입니다. 그러니 배관, 배선, 가구, 가전 등의 자체 인테리어 산업이 발전하게 되고요. 또한 한국 드라마를 보고는 30평형대 아파트에 벽지나 조명 등을 한국식으로 설비하길 선호한다고도 해요.

이와 같이 소비산업들이 발전하는 추세인데, 대도시에서는 종합유흥몰이라는 쇼핑센터도 생겨났어요. 돈주들이 투자해서 세운 건물이죠. 이 종합유흥몰 1층에는 식당과 술집, 2층에는 당구장, 탁구장, 사우나 등이 갖춰져 있어요. 우리도 그렇지만 이 종합유흥몰에 한번 들어가면 하루 종일 거기서 놀게 된다고 하더라고요.

2017년부터는 사우나가 유행이라고 하는데 특히 일본 온천식으로 커플탕을 따로 마련해준다는 소식이 흥미롭습니다. 커플탕을 신청하면 한번에 15달러를 내고 둘만 탕에 들어갈 수 있답니다. 사우나 사장은 인민보안성 경찰들에게 적당한 뇌물을 주면서 단속을 막고요. 이게 일상화되어 젊은이들 사이에서는 연인끼리든, 친구끼리든 한증막에서 놀기가 상당히 유행한다고 해요.

뇌물과 단속의 사례에서 볼 수 있듯, 북한이 아직까지 사유화를 허용하지 않기 때문에 실질적으로 수많은 물건과 건물이 사유화됐더라도 그 소유권은 여전히 국가가 갖고 있습니다. 그러니 정권과의 관계를 잘 푸는 게 중요한 문제입니다. 사회주의 북한에서 이용권이나 임대권 같은 것들이 실제로 판매되는 이유가 여기에 있습니다.

참고로 북한의 전력이 부족하잖아요. 본래 부족한 상태에서 대북제재로 더 부족해졌죠. 그러다보니 태양열·태양광 전력시설이 일상화되어 있어요. 가장 작은 게 우리 돈으로 30만원가량 든다고 해요. 물론 평양 대동강 지역이나 간부들이 주로 사는 데는 국가에서 전기가 보급되니 태양열·태양광이 필요가 없고요. 평양과 주요 도시로 들어가는 전력이 일정하게 정해져 있으므로, 그외 대다수 전기가 들어가지 않는 시골 농촌지역은 기본적으로 전력을 태양열·태양광 전력시설에서 자체적으로 충당하는 식입니다.

경제발전의 그늘: 수도 평양과 기타 지역 간의 차이

평양과 나머지 지역의 차이는 방금 말씀드린 전력시설에서만 드러나는 것이 아닙니다. 평양의 주민들은 북한의 정권 및 체제 유지와 직결된 구성원으로 간주되잖아요. 이로써 지난 수십년간 각종 특혜를 받으며 살았고요. 남한의 기준으로는 부족하긴 하지만 기본적인 배급제 혜택을 상대적으로 잘 받고 있기도 하지요. 또한 평양을 중심으로 한 평안도와 황해도는 논농사를 기반으로 일상이 유지되고, 중앙권력기구와 지리나 심리 면에서 가까운 지역입니다. 따라서 국경-연선지역에 비해, 생활의 부침 정도도 낮으며 평양 등을 제외하면 해외 정보도 느린 속도로 퍼집니다. 이처럼 평양시, 평안도, 황해도로 대표되는 내륙지역과 함경도, 양강도로 대표되는 국경지역은 경제와 사회 측면에서 차이가 크답니다.

평양 이외의 지역을 살펴보면, 거대한 물동량이 움직이는 신의주는 평양으로 가는 무역량이 많은 곳으로 중앙권력의 영향력하에 있고요. 개성시는 특구로 분류되지만 이 역시 권력의 영향 아래에 있습니다. 나진·선봉 지구가 경제특구로 예외적이네요. 아무튼 대체로는 상대적으로 보수적이고 집단주의적 농경문화를 유지하는 농촌지역과 도시지역

주민들 역시 생활 양상과 의식 측면에서 상당한 차이를 보입니다.

그렇다면 지역의 구체적인 상황은 어떨까요. 제가 2012년에 탈북자 분들을 대상으로 설문을 받아본 적이 있는데요. 그분들에게 출신 지역의 부와 지역주민의 체제불만 수준을 물어보았거든요. 그 응답을 살펴보면, 첫째 평양을 제외한 곳의 생활수준은 국경지역이 내륙에 비해 다소 높은 편이며, 둘째 체제 불만도는 국경지역이 훨씬 높은 것으로 나타났습니다.

2009년부터 평양 아파트 건설에 투입되었던 군인 중 제대하고 나서 고향으로 귀가했던 이 가운데 누군가가 말한 내용은 회의와 소외감으로 가득 차 있습니다. "평양과 지방의 차이가 더 벌어졌다. 이승과 저승이라고 할 정도다. 어떻게 먹고살아야 할지 너무 막막하고 겁이 난다. 제대군인이라고 배급이 나오는 것도 아니고, 사는 게 너무 한심하니까 눈이 뒤집어지는 거다. 해도 해도 너무 한다. 내가 뭐 하다 온 건가." 지역의 농민들 다수가 이처럼 하루 먹거리를 걱정하는 하층의 삶을 살고 있다는 점에서 북한 경제발전의 그늘도 엿볼 수 있습니다.

한 사회를 인식하는 것은 사회구성원의 일상생활에 대한 고찰을 통해 이루어집니다. 사회갈등은 대개 개개인 일상의 갈등이 쌓이면서 촉발되니까요. 시민들이 각자 일상을 꾸려가는 모습을 비교해보면 상당한 이질성을 확인할 수 있습니다. 일상생활에는 억압·복종·회피·불만 등 복잡한 층위가 섞여 있습니다만, 그 이면을 면밀히 들춰보면 법·제도·절차 등이 끊임없이 각자 일상의 동질성을 확인시켜주기도 하거든요. 한마디로 이러한 동질성을 끊임없이 주입해주는 정치권력이 우리 일상을 좌우하는 겁니다. 특히 기존 사회주의 국가들은 다양하고 이질적인 일상생활을 국가와 집단의 이름으로 동질화하려 했습니다. 북한이 여전히 이를 추진하는 나라라는 사실을 염두에 둬야, 그들에 대한 이해를 높일 수 있습니다.

상호문화주의: 남북한의 차이와 민족정체성

남북한 주민 간의 이질감은 여전히 큽니다. 20여년간 북한을 연구해오면서 남북한의 진정한 소통을 막는 것이 과연 무엇일까 생각해왔는데요. 크게는 두가지, 즉 의사소통과 문제해결 방식 면에서 차이가 있습니다. 의사소통 면을 보면 남한 사람들은 대개 상대를 상당히 배려하잖아요. 직설적으로 이야기하는 걸 예의 없다고 여기고요. 그러다보니 에둘러 이야기한다거나 이른바 '뒷담화'가 상당히 발달해 있죠. 그에 비해 북한은, 어색한 표현이긴 합니다만, '앞담화'가 발달해 있어요. 남의 뒤에서 이야기하기보다 직설적으로 이야기하고 바로 문제를 해결하려해요. 각자의 장단점이 있겠지만 일단 이 차이에서 문제가 자주 생겨요. 북한 사람들이 한국에 와서 생활해보더니 남한 사람들이 무척 이중적이고 그 속을 알 수 없다는 거예요.

그리고 문제해결 방식도 상당히 다릅니다. 남한은 민주주의제도가 상대적으로 발달했기 때문에 과, 부서, 이사회 식으로 작은 단위에서 점점 크고 높은 단위로 그 논의를 올려보내잖아요. 그에 반해 북한의 경우에는 어떤 문제가 발생하면 곧장 그 단위에서 자기가 만날 수 있는 최고 위층을 찾아갑니다. 수령제의 특징이기도 한데, 빨리 문제를 해결해야 하므로 자기 주변이 아니라 제 선이 닿을 수 있는 가장 높은 이를 찾아갑니다. 그러다보니 한국에 오신 탈북자 분들이 자꾸 국회의원들을 찾아가요. 만약 지자체에 취직하게 되면 해당 관청의 지사나 청장을 찾고요. 남한의 시스템에 익숙지 않으니 본의 아니게 기존의 위계질서를 무너뜨리는 셈이죠.

이 문제는 남북한이 교류하고 협력하는 와중에 심심찮게 등장할 것입니다. 향후에는 남북 간의 이 같은 차이를 좀더 총체적으로 바라보고 어떤 식으로 그 접점을 마련할 것인지를 논의해야겠습니다. 서로의 문화를 인정하되 어떤 제도를 만들어내고 협약을 맺는 일이 생각처럼 쉽진 않을 겁니다. 서서히 함께 노력해야겠지요.

우리가 북한 사람들을 만날 기회는 이제 많아졌습니다. 물론 현지 원주민이 아니라 한국에 정착한 탈북자들이지요. 흔히 탈북자로 부르는 '북한이탈주민'은 대한민국 법률상 용어로 "조선민주주의인민공화국에 주소·직계가족·배우자·직장 등을 두고 있는 대한민국 사람으로서 북한을 벗어난 후 대한민국 이외의 국적을 취득하지 않은 사람"을 뜻합니다. 우리가 그들을 어떻게 대해야 할지에 대해 새로운 고민이 필요한 시기입니다. 앞으로 그 수가 월등히 늘어날 수도 있을 테니까요.

2000년대 중반 이후 남한에서는 다문화주의와 통일, 이 두가지 정책이 부딪히고 있습니다. 많은 초중고 학교에서 다문화에 대해 가르치고 있잖아요. 대개는 다른 나라에서 온 사람들과의 '차이'를 그대로 인정하는 선에서 그치다보니 통일 이후 우리 민족이 그 '차이'를 넘어 어떻게 화합할 수 있을까에 대해서는 아직 제대로 논의되지 못했지요.

다문화주의 정책은 전세계적으로 그 문제점과 한계가 드러나고 있기도 해요. 우리보다 먼저 다문화주의를 받아들인 미국과 호주뿐 아니라 유럽과 일본 등에서 민족주의가 다시 부흥하면서 각 나라마다 다문화주의 정책과 국가정체성 통합 정책이 부딪히고 있습니다.

그렇다면 우리 또한 폐쇄적인 단일민족주의를 다시 외쳐야 할까요? 당연히 아닙니다. 순혈주의나 단일민족주의 정책은 남한 사람들 또한 도입하기를 꺼려합니다. 각종 여론조사에서 나타나듯 많은 시민들이 민족주의 폐쇄성에 비판적이에요. 또한 이는 '인구의 자유로운 이동과 보편적 인권을 보장하는 열린 공동체'라는 세계의 보편윤리와도 맞지 않고요. 그러므로 단일민족주의와 다문화주의를 넘어서는 또다른 정책을 고민해봐야겠지요. 그것은 한반도 전체의 시각에서 서로 간의 차이를 인정하면서도 남과 북의 화합을 함께 고려해야 하는 이 복잡한 상황을 전제하는 정책이어야겠습니다.

이러한 의미에서 저는 '다양성 속의 통일성'을 추구하는 가치로서 '상호문화주의'를 제안해봅니다. 이는 한반도 전체를 아우르며 통일과 이후 사회통합까지를 관통할 수 있는 정책 아이디어입니다.

기본적으로 '다양성과 인권이 보장되는 사회'란 여러 개인과 집단의 문화를 그저 펼쳐놓은 전시(展示)사회가 아닙니다. 개인과 집단 간의 차이가 추상적·규범적 수준에서 인정되는 도덕사회도 아니고요. 구체적 생활에서 '상호 작용하며 맺어지는 다양한 관계'가 자연스럽게 어우러지는 사회를 가리킵니다.

2018년 지금의 한반도에서 다문화주의가 아니라 상호문화주의를 강조해야 하는 이유는 다름 아닙니다. 국가 차원에서 '차이의 인정'을 기조로 하는 다문화주의는 그 본래 의도와는 다르게 남북갈등과 남남갈등을 고착화할 수 있기 때문이지요. 이미 남한에서는 수십년간 북한문제를 갖고 보수와 진보라는 양 진영으로 나뉘어 다퉈왔습니다. 이 오래된 갈등 상황에서, 다문화주의의 주요 가치인 서로의 차이를 인정하는 것에만 초점이 맞추어진다면, 그 차이를 차이대로 놔두면서 서로 더욱 가까워져야 한다는 생각 자체를 잊어버리게 될 수 있겠지요. 자칫 서로의 생활공간을 '게토'(ghetto)로 바라보게 되고, '몸과 마음의 분단고착화'를 방기하게 될 수도 있고요.

상호문화주의는 서로 다른 집단의 소통과 경험에서 나오는 창의성을 중시합니다. 자칫 다툼이 생길 수 있지만 이를 토론을 거듭하면서 극복해나가다보면, 다문화주의의 '다양성 인정'과 민족주의의 '보편적 통일성'을 모두 거둬들일 수 있으리라 봅니다. 전세계의 다문화 상황과 한반도 갈등 상황을 각각 염두에 두면서 우리의 통일을 준비하는 데에 기여할 수도 있겠고요. 상호문화주의는 이처럼 다문화시대의 '다양성과 공생발전'을 모색할 수 있으면서 동시에, '차이의 인정'을 넘어 다 같이 어우러지는 사회를 만드는 기폭제가 될 수 있습니다.

서로 간의 경계와 접촉 사이에서 발생하는 의존과 침투는 불가피합니다. 오히려 이 반목들을 활성화하여 더욱 많이 부딪치면서 서로를 알아가는 과정을 도입해볼 수 있지 않을까 싶습니다. 각자의 다름으로 인해 발생하는 일과 그로 인한 수렴 등을 포착하여 이를 통해 우리만의 정체성을 만들어봤으면 합니다.

남과 북의 사람들이 일상에서 마주칠 일들이 갈수록 늘어날 것입니다. 이를 염두에 두면서 우리 일상의 주요 공간에서 서로의 이해와 관심을 기반으로 관계를 맺도록 노력해야 합니다. 상호문화주의가 우리의 더 나은 미래를 함께 도모할 수 있는 힘이 될 수 있길 바랍니다.

Q. 탈북자들이 탈북을 하는 이유가 궁금합니다. 탈북의 역사 자체도 상당히 오래되었고요. 시기별로도 각기 다른 동기가 있을 것 같습니다.

어느 국민이 자신의 국가를 떠난다는 문제를 우리가 좀더 객관적으로 볼 필요가 있어요. 한국에서는 한해 평균 10만명 이상이 국적을 포기하고 타국으로 간다고 합니다. 우리 남한 사람들은 이중국적을 지닐 수도 있고요. 북한은 그에 비하면 숫자가 적어요. 한국에 지금까지 온 사람 숫자가 전체 3만명가량입니다. 재중탈북자, 혹은 잠시 다녀가는 계절노동자까지 합해도 대략 10만명으로 추산합니다.

그 탈북자의 수가 오히려 2016년을 기점으로 줄기 시작했어요. 일단 대대적인 단속이 벌어졌고 중국 공안이 철조망을 치는 등 외적 요건이 달라졌고요. 김정은정권에 대한 기대감이 커지면서 뭔가 이 사회에 살아도 기회가 있을 것이라는 생각을 품게 된 것도 또 하나의 이유예요.

탈북의 이유는 단순합니다. 지금보다 더 잘살기 위해서죠. 뭔가 새로운 기회를 찾고 싶은 거예요. 예를 들면 남한의 청년들이 왜 '헬조선'을 얘기했겠어요. 여기선 도저히 내 기회가 없겠다고 본 거죠. 그러다보니 하다못해 여행이라도 다녀오잖아요. 이처럼 북한 사람들도 북한에서는 더이상 기회가 없겠다, 혹은 북한식 표현으로 비법활동이라 부르는 비사회주의 검열에 걸릴 거 같다는 우려 때문에 그곳을 떠나옵니다. 북한

에서는 불법과 합법이 종이 한 장 차이거든요. 특정 시기에 대대적으로 시행하는 검열에 본인이 걸리거나 가족이 걸리는 경우 과감하게 압록강이나 두만강을 건널 결심을 품게 되는 거예요.

Q. 북한 사람들을 비공식적으로 만나볼 기회가 있었는데, 평소에는 그렇지 않은데 가끔 술을 마시거나 긴장이 약간 풀려 있을 때 이야기를 나누다보면 그분들이 말을 굉장히 잘해요. 여성들도 마찬가지고요. 선불리 말을 꺼냈다가 되로 주고 말로 받는 경우도 있었고요. 어떤 이유에서 그렇게 말을 잘하게 된 걸까요.

그럴 수밖에 없는 게, 북한 주민들은 우리처럼 오지선다형 시험을 보는 사람들이 아닙니다. 시험의 답안작성법이 논술형 아니면 구술형입니다. 어렸을 때부터 유치원과 탁아소부터 이를 훈련하고요. 논리적으로 말하고 쓰는 걸 어릴 적부터 익히니 논리력이 다른 나라 사람보다 훨씬 뛰어납니다. 우리가 옛날에 오해했던 게 북한 사람들이 인터뷰를 하면 마이크를 대자마자 마치 준비한 듯 "위대한 수령님"부터 시작해서 청산유수로 이야기하는데 그걸 보면서 분명히 '저 사람이 암기한 것'이라고 했어요. 그건 오해예요. 많은 부분이 훈련에서 비롯된 것입니다.

Q. 남한과 북한 간의 실질적 차이가 궁금합니다. 또 아까 세대차이에 대해 말씀해주셨는데요. 그중에서도 북한 청소년들의 사춘기의 양상이 궁금합니다. 우리도 사춘기 때 여러 문제가 나타나는데요. 북한 청소년들에게도 그런 사춘기의 표출 방식이 있으려나요.

지금 평양의 생활수준은 상층의 경우 남한 중산층과 크게 다르지 않을 정도 혹은 그 이상입니다. 평양에는 피자, 햄버거, 파스타, 스시집 등이 다 있고요. 보통의 평양 시민이라고 하면 평균적으로 한국의 1990년대 중산층과 비슷합니다. 그에 반해 함경북도의 산골오지 사람이라 하면 1960, 70년대 남한 하층민의 삶과 맞닿아 있습니다. 남한과 전반적으로 비교해보면 최소 20년, 최대 30년가량의 격차가 난다고 보이고요. 대략 1988년 서울올림픽 즈음의 우리 모습과 닮아 있다는 인상을 자주 받습니다.

사춘기 청소년들의 모습 또한 한국이랑 크게 다르지 않아요. 그런데 조선시대부터 내려져온 마을 간의 집단 패싸움이 여전히 남아 있는 건

특이한 차이라고 할 수 있습니다. 그들이 패싸움할 때의 이야기를 들어보면 벽돌을 들어 머리를 치는 식이더라고요. 또한 14, 15살 아이들끼리 사랑에 빠져 가출하기도 하고요. 어떤 청소년은 부모에게 반항하는 뜻으로 오토바이를 타고 베이징까지 도망친 경우도 있었어요. 남한에서는 자본주의하에서 청소년들이 놀거리가 많고 은밀히 즐길 것이 많은데, 북한은 그런 것들이 부족하니 그 불만을 대개 겉으로 드러내는 것이 아닐까 싶습니다.

Q. 앞으로 북한 사람들을 만날 기회들이 더 늘어날 텐데요. 남한 사람들이라면 북한체제에 대해 이러쿵저러쿵 이야기 나눠보고 싶은 욕망이 생길 수도 있겠고요. 북한 사람들을 어떻게 대하는 게 서로 간의 이해를 높이는 데에 도움이 될 수 있을까요.

꼭 탈북자만이 아니라 인간을 대하는 방식에 대해 자기성찰이 필요한 듯합니다. 어떤 인간을 대하든지 이 사람이 나랑 평생을 함께할 사람이라 생각하면 태도가 달라질 수밖에 없거든요. 탈북민들에게도 마찬가지예요. 이웃과 친구로서 기본적으로 신뢰감을 줘야 하죠.

어떤 분은 자꾸 상대방을 떠보려고도 하거든요. 어떤 사람일까 하고 계속 찔러보는 거죠. 하지만 누구나 본능적으로 눈치를 챕니다. 탈북민들은 많은 고초를 겪다 왔기 때문에 그 촉이 매우 발달한 축이고요. 저 사람이 나를 이용하려고 하거나 떠보려는 거구나 싶으면 배신감을 크게 느껴요. 그저 내 이웃이고 같이 살 사람이라 생각해주고 묵묵히 지켜보면서 도와줄 수 있는 일이 있으면 도와주는 것이 바람직해 보입니다.

만약 금강산 관광을 간다고 칩시다. 특히 나이 드신 분들이 그런 성향이 많은데 본인이 알고 싶은 걸 무턱대고 이야기하세요. "김정은은 왜 그런대니?" 마구잡이 물어보죠. 그러면 북한 사람들은 정말 난감해합니다. 화도 내고요. 그들 나름의 지도자인데, 그런 식으로 이야기하면 화가 나는 거죠. 일종의 무시라고 보는 거예요. 상황에 대한 적절한 배려는 꼭 탈북민에게만이 아니라 인간 전반에 대해 갖춰야 하는 것이라고 생각합니다.

3

완전한 비핵화를
둘러싼
군사안보 쟁점

김동엽 金東葉

해군사관학교를 졸업하고 국방대학교에서 석사, 북한대학원대학교에서 박사 학위를 받았다. 해군장교로 20년 군복을 입고 있는 동안 고속정 정장, 편대장을 거쳐 2006년 제1차 북핵 실험 직후 국방부에 들어가 북핵WMD, 군사회담정책, 북한정책분석 등을 담당하면서 남북군사회담과 6자회담, 한미일 안보협력회의 등에 참가했다. 2011년 전역 후 경기대학교, 대진대학교, 북한대학원대학교 등에서 강의했고 현재는 경남대학교 극동문제연구소 교수이자 연구실장을 맡고 있다. 안보와 북한학이 주전공으로 국방부와 연합사, 통일부 정책자문을 맡고 있으며, '북한 핵과 미사일의 전문가'로도 불린다. 지은 책으로『동아시아 질서 변화와 한반도 미래』(공저) 등이 있으며,『서울신문』등에 칼럼을 쓰고 있다.

온고지신의 지혜를 되새겨야 할 때

많은 시민들이 한반도의 미래에 대해 궁금해합니다. 이런 때에는 꼭 염두에 둬야 할 게 있지요. 미래를 내다보기 위해서는 그 과거를 정확히 알아야 해요. 다시 말해 한반도의 분단이 왜 일어났는지를 따져보아야 앞으로 어떻게 통일할 것인지를 가늠해볼 수 있습니다.

그러면 한반도 분단은 왜 일어났을까요. 6·25 때문이라고 생각하실 분도 있을 겁니다. 하지만 전쟁 때문에 분단이 되었다는 말은 그 결과를 반복하여 이야기하는 것밖에 되지 않지요. 그렇다면 일제강점기가 끝나고 해방된 뒤 둘로 나뉜 건가요? 물론 현상적으로는 그렇습니다. 그러나 분단의 뿌리는 그것보다 더 거슬러 올라가야 찾을 수 있습니다.

19세기 말~20세기 초 청일전쟁과 러일전쟁 이후, 당시 열강들의 틈

바구니에서 한반도가 어떤 역할을 했느냐가 그후 역사를 판가름 냈습니다. 당시 한반도 지정학을 이해하지 못하고 지혜롭게 대처하지 못했기 때문에 우리는 식민의 나락으로 떨어졌습니다. 어찌 보면 독일이나 일본 같은 2차대전 전범국들이나 겪어야 할 분단을, 물론 독일은 분할통치를 경험했지만, 그 분단의 아픔을 우리가 겪은 것입니다.

지금의 한반도 평화프로세스라는 문제에 대한 해답은 바로 여기, 역사에 있습니다. 우리가 한반도 문제를 보는 데서도 몇가지 분야별 사실을 확인하는 데에 그쳐서는 안 됩니다. 강연의 키워드로 '2020년의 한반도'가 제시되었는데, 바로 2년 후 2020년 다가올 미래를 알기 위해서는 지난 백여년간 우리가 무엇을 했는지를 떠올려봐야 하는 것입니다. 조선의 태종 때 '혼일강리역대국도지도'(混一疆理歷代國都之圖)라는 세계지도를 만들었는데, 지도 제작에 참여한 권근(權近)이 발문에 대략 이런 내용을 적어놓았습니다. '세상은 넓어 그곳들을 다 가볼 수는 없지 않느냐. 이 좁은 지도에 많은 것을 담을 수는 없지만 (…) 지도를 보니 밖으로 나가지 않고도 옆나라뿐 아니라 저 멀리 우리가 잘 모르는 나라들도 알게 되니 이 역시 나라를 다스리는 데에 얼마나 도움이 될 것인가.' 하물며 600년 전 조선을 세웠던 사람들조차 세상 돌아가는 이치를 나라를 통치하는 데에 접목시키지 않았습니까? 우리 또한 넓고 깊은 시야를 갖춰야겠습니다.

한반도 군사안보의 쟁점들

완전한 비핵화를 둘러싼 군사안보적 쟁점에는 두가지 주제가 있습니다. 하나는 2018년 현재부터 2020년까지 동북아시아가 어떻게 변화할 것인지를 미리 그려보는 것이고요. 또다른 하나는 2020년 이후 동북아시아의 모습이 어떻게 변화할지에 대한 것입니다. 즉 우리 일상에서 나타날, 비핵화를 둘러싼 변화의 양상이 '2020년'을 기준으로 어떻게 달라질 것인가에 대한 문제이죠.

2020년에 맞이할 변화의 전제조건이자 핵심은 '비핵화'입니다. 일부에서는 비핵화가 전제되면 그것이 하나의 족쇄가 되어 국제사회의 개입과 요구에 시달리지 않을까 우려하기도 합니다. 그러나 비핵화는 결코 최종 목표가 아니고 또 이를 그 어떤 운명적인 것으로 받아들여서도 안 됩니다.

다시 말해 우리는 비핵화를 통해 어떤 변화가 올 것이라고 마냥 기대할 것이 아니라, 2020년까지 우리가 비핵화 국면을 스스로에게 유리하게 만들 수 있고 그것을 토대로 또다른 변화를 이뤄낼 수 있음을 자각해야 합니다. 변화를 그저 수동적으로 받아들이는 것이 아니라 우리가 능동적으로 형성해갈 수 있는 변수로 이해하는 것이 문제 해결의 시작입니다.

사람들은 비핵화가 되면 평화체제를 이룰 수 있다고, 다시 말해 평화체제가 곧 비핵화의 결과물인 양 이야기합니다. 중국의 학자들도 쌍궤병행(雙軌竝行)을 이야기하면서 '비핵화는 곧 평화체제'라는 공식을 던집니다. 과연 그럴까요? 핵이 있어서 전쟁 위기가 닥치고 상호 신뢰가 없어지고 한반도에서 평화가 사라진 것일까요, 아니면 신뢰와 평화가 없어서 북핵문제가 지금과 같은 난맥상이 된 걸까요?

북한 핵은 구조적인 문제입니다. 북한이 핵을 개발한 이유 그리고 지금 핵을 내려놓겠다고 하는 이유는 바로 체제의 안전과 보장 때문입니다. 북한 스스로도 체제안전이 보장되면 핵을 가질 이유가 없다고 말해요. 그렇다면 비핵화란 곧 평화체제라기보다, 그보다 현실적인 목표인 '북한의 체제안전'에 직결됩니다. 이제 공식은 '북한의 비핵화=체제안전' 이렇게 고쳐야 하는 거죠.

그러나 사실 어떤 국가가 다른 국가의 체제안전을 보장해준다는 건 어불성설입니다. 북한도 체제안전을 미국에 보장해달라고 하는 게 아니고요. 북한은 스스로 보장하는 것이라고 생각하고 있어요. 다만 체제안전 보장을 위한 여러 여건을 만들어달라는 겁니다. 그 여건을 만들어주면 핵을 포기하겠다는 거고요.

북한이 이야기하는 비핵화 즉 핵 포기의 조건은 체제안전 보장이라고 했는데, 체제안전 보장에 필요한 것은 북한 측 용어를 그대로 쓴다면 자위, 자주, 자립입니다. 먼저 '자위'는 군사적인 개념입니다. 스스로 자기를 보호할 수 있는 군사적인 안전보장과 통합니다. 이는 더이상 전쟁의 공포가 없고 군사적 위협에 대한 걱정도 없는 상태인데 결국 종전선언과 평화협정을 통한 평화체제 구축으로 귀결됩니다. 두번째 '자주'는 국제사회에서 하나의 정상적인 행위자나 국가로 인정받는다는 걸 의미합니다. 북한의 입장에서 그것은 바로 북미관계 개선 즉 수교를 통해 가능하고요. 마지막으로 '자립'은 경제발전을 뜻합니다. 이미 북한은 과거 군사우선의 병진노선을 내려놓고 경제발전에 매진하고 있습니다. 그러나 북한이 생각하는 경제발전은 외세에 의해 강요된 시장화나 자본주의화가 아니라 자생적 시장화입니다. 어떠한 방식이든 결국 경제발전을 위해서는 북한을 옥죄어온 국제사회의 경제제재가 풀려야 가능하겠지요.

자위, 자주, 자립. 결국 이는 평화체제, 북미수교, 제재 해제와 맞닿아 있습니다. 이 조건들을 염두에 둔다면 북한의 비핵화는 쌍궤병행이라는 중국의 해법보다는 '사궤병행(四軌竝行)'이 더 적합하겠지요. 굳이 쌍궤병행이라고 해야 한다면 평화체제, 북미수교, 제재 해제를 적대관계 청산이라는 하나의 개념 아래로 뭉뚱그릴 수 있고 이렇게 되면 '비핵화와 평화체제'가 아닌 '비핵화와 적대관계 청산'이 나란히 서게 되는 셈입니다.

이러한 상황인데 우리는 여전히 비핵화=평화협정, 평화체제라는 틀에 갇혀 있어요. 게다가 이 틀을 북한에 들이밀고 있고요. 과연 북한이 그 틀만 받을 수 있을까요? 비핵화라는 판도라 상자를 미래에 누가 어떻게 열 것인가라는 문제에서 그 열쇠가 평화협정만은 아니라는 점은 분명합니다. 그럼에도 불구하고 우리는 이 틀에서 조금도 벗어나지 못하고 있어요. 이것이 지금 우리가 처한 문제입니다. 한반도의 미래를 위해서는 비핵화와 적대관계 청산이라는 두개의 바퀴가 함께 굴러가야 합니다.

비핵화라는 장구한 과정에 대한 이해

북한의 비핵화를 좀더 기술적으로 이해할 필요가 있습니다. 비핵화를 이야기할 때 사람들은, 지금 북한의 김정은 위원장이 비핵화 의지가 있느냐 없느냐를 많이 따집니다. 하지만 이 질문 자체가 우문입니다. 김정은은 지금 비핵화에 대한 의지를 갖고 있는 것을 넘어, "루비콘 강을 건넜다"라고 표현할 수 있을 정도로 멀리 나아갔습니다. 김정은 위원장이 바다 건너 싱가포르에 가서 트럼프 대통령을 만났고 싱가포르 야경을 둘러보는 장면, 기억하시나요? 이전의 북한에서는 상상할 수 없는, 그들의 결심을 알 수 있는 장면이었습니다.

우리는 비핵화를 언급할 때에 그것을 하나의 이벤트로 여기는 듯도 합니다. 하나의 결과물로 보는 것입니다. 비핵화를 '핵 폐기'라는 용어와 혼동하기도 하고요. 그러나 비핵화는 하나의 이벤트나 결과물이 아니라 장구한 과정입니다. 매우 어렵고 시간이 무척 오래 걸릴 수 있고요. 그런데 우리는 이것을 '과정'으로 이해하지 않고 결과나 사건으로만 이해하려 하죠. 그러다보니 김정은이 비핵화 의지가 있느냐 없느냐만을 따집니다. 2018년 현재 북한의 행동 자체만 봐도 그들이 비핵화에 나선 것은 자명합니다. 비핵화를 하나의 과정으로 보게 되면 지금 북한이 이미 그 과정에 첫발을 내디뎠음을 이해할 수 있지요.

비핵화의 과정을 하나씩 살펴보겠습니다. 그 과정은 통상 네단계로 구분할 수 있습니다. 첫번째 단계는 '유예'입니다. 유예란 더이상 실험하지 않음을 뜻합니다. 핵이든 미사일이든 그것을 실험하지 않는다는 것은 앞으로 기술적인 면에서 발전할 수 없다는 의미이죠. 질적인 발전을 차단하는 셈입니다. 두번째는 '폐쇄 동결'인데요. 현재 작동하는 핵 관련 시설들의 운행을 중단시키는 조치입니다. 이를 통해 핵분열 물질의 추가 생산을 차단하여 그것의 양적인 증가를 막는 것입니다. 이 단계부터 사찰과 검증이 지속적으로 이루어집니다. 세번째 단계는 보유한 시설물을 사용하지 못하도록 파괴하는 것으로 일명 '불능화'라고 하지요. 네번째는 시설을 완전히 해체하는 '폐기'입니다. 이 네 과정을 모두 거쳐야 비핵화가 종료되었다고 말할 수 있습니다.

여기서 우리가 착각하는 것 중의 하나가 폐기라는 용어의 뜻입니다. 흔히 핵 폐기에는 15년, 20년이 걸린다고 하는데 그건 핵시설의 폐기가 이후의 치유 과정까지를 의미하고 있기 때문입니다. 그저 때려부숴 완전히 못 쓰게 만드는 것은 불능화입니다. 그것을 모두 해체하고 나서 완전히 새로운 땅으로 만들어야 하니 당연히 15년, 20년이 걸리는 거죠.

향후 북한의 비핵화 과정은 그 단계를 구분하여 획일적으로 진행된다기보다 각각의 단계별 조치가 유연하게 중첩되어 동시에 진행될 가능성이 높습니다. 2018년 4월 20일 북한은 이미 '유예'를 선언했습니다. 유예를 선언하기만 한 게 아니라 풍계리 핵실험장의 경우는 이미 불능화까지 했습니다. 물론 풍계리 핵실험장 불능화는 서방의 몇몇 언론이 말하듯 하나의 쇼일 수 있습니다. 하지만 그 쇼는 속임수 차원의 쇼가 아니지요. 비핵화의 장구한 과정의 시작점을 알려주는 의미있는 행동이라 볼 수 있어요. 비핵화를 분명히 한다는 자신들의 의지를 보여주는 행위니까요.

2018년 5월 24일, 북한은 함경북도 길주군 풍계리 핵실험장을 갱도 폭파 방식으로 불능화했다. 5개국 국제기자단이 이 장면을 지켜보고 있다.

이렇게 보면 북한이 비핵화라는 기차를 벌써 출발시켰다는 건 잘 알 수 있겠죠? 북한은 이미 유예라는 역을 통과한 셈이고요. 그다음 역은 '폐쇄 동결'인데 어쩌면 그 역에 이미 도착했거나 도착 직전이라고 할 수 있겠네요. 중요한 것은 기차가 분명히 그쪽으로 가고 있다는 것입니다. 여기서 문제는 많은 이들이 비핵화라는 열차가 출발하여 이미 가고 있다는 사실 자체를 인정하지 않는다는 겁니다. 이것이 바로 국내외에서 벌어지는, 그러니까 북한이 비핵화에 대한 의지가 있느냐 없느냐에 대한 논란인 겁니다.

다시 한번 강조하지만 북한은 이미 '불능화와 폐기'를 향해 가고 있습니다. 그 방향은 명확해 보입니다. 그러나 북한이 비핵화의 마지막 역인 폐기까지 다다를 것인지에 대해서는 누구도 단정할 수 없습니다. 비핵화라는 기차가 달려야 할 철길은 오래된 상호불신으로 인해 끊어져 있고 그리하여 군데군데 교각과 터널도 무너져 있습니다. 기차가 출발 했다손 치더라도 도중에 연료가 부족해질 수도 있고요. 그 끊어진 철길을 누가 보수하고, 터널을 뚫고 교각을 세우며 연료를 채워줘야 할까요. 북한 스스로가 기차에서 내려 길을 뚫고 가도록 내버려두면, 다시 말해 우리가 비핵화를 내내 강요하기만 해서는 폐기의 역에 도착하기 어렵지 않을까요? 이제는 비핵화의 기차가 내달릴 환경을 우리가 만들어주어야 하지 않을까요?

트럼프가 이해한 팥소 없는 찐빵

트럼프 대통령이 '20퍼센트 비핵화면 충분하다'고 표현한 적이 있습니다. 그런데 많은 이들이 그 의미를 잘 이해하지 못한 듯해요. 관련 학회에 가서 전문가 발표를 듣거나 TV 시사프로그램에 나온 학자 패널들의 이야기를 들어보면 이를 두고 북한의 핵탄두나 대륙간탄도미사일의 20퍼센트를 먼저 반출하는 프론트로딩(front-loading, 초기 이행) 방식이라고들 하더군요. 이는 큰 오해입니다. 과연 북한에 100개의 핵무기가 있는데 20개만 먼저 들어낸다고 그게 만족할 만큼 충분한 비핵화라고 할 수 있을지 되묻고 싶어요.

트럼프가 이야기한 20퍼센트는 이런 의미가 아닐 겁니다. 트럼프는 '20퍼센트 비핵화'를 언급하면서 자신이 핵과학자들을 불러 그들로부터 배웠다고 이야기했습니다. 누가 가서 트럼프를 가르쳤는지는 모르겠지만 제대로 가르쳤고 트럼프 또한 이를 제대로 이해했다고 봅니다. 저는 트럼프 발언이 회자되기 전부터, 현실적으로 가능한 '비핵화'가 '팥소(앙꼬) 없는 찐빵이면 된다'라고 했는데요. 나중에 트럼프가 여기에 '20퍼센트'라는 표현을 붙인 뒤로는 트럼프를 달리 보게 되었습니다. 바로 CVID(Complete, Verifiable, Irreversible Dismantlement, 완전하고 검증 가능하며 되돌릴 수 없는 핵 폐기)의 허상을 밝혀냈기 때문입니다.

CVID는 말 그대로 100퍼센트 핵 폐기를 의미해요. 이건 물리적으로 불가능합니다. 핵무기가 완성되려면 크게 세가지가 필요합니다. 하나는 핵분열 물질인데 이는 플루토늄과 고농축우라늄이라는 두가지로 이뤄집니다. 두번째는 이 핵물질이 분열반응을 일으키도록 하는, 고도의 기술이 요구되는 기폭장치, 즉 핵폭발을 일으키는 장치이지요. 일반적으로 이를 탄두라고 부르기도 하는데, 그것이 정확한 표현은 아닙니다. 탄두는 기폭장치 안에 핵물질을 넣고 그걸 미사일 앞에 합체할 수 있도록 만든 원뿔형 용기를 가리킵니다. 세번째는 바로 이 탄두를 먼 곳으로 이동시킬 수 있는 수단, 즉 미사일입니다.

이 세가지 중 하나만 없어도 핵무기라고 할 수 없습니다. 북한이 여러차례에 걸쳐 핵실험을 벌이고 미사일을 쏴댄 이유가 여기에 있지요. 이것들이 따로 나뉘는 게 아니라 결국 하나였던 셈입니다. 그러니 북한이 지난 2017년 11월 미국 본토 전역을 사거리로 둔 화성 15형 발사에 성공한 후 비로소 "핵무력이 완성되었다"고 선포한 것이고요.

재차 강조하지만, 이 세가지를 다 없애겠다고 생각하고 CVID를 언급하면 어불성설입니다. 북한의 영변에만 핵시설이 자그마치 건물만 390여동이 있습니다. 미사일을 포함하여 핵 연관 시설을 모두 합하면 북한 전체에 3000개소가 넘고요. 그걸 어떻게 다 처리합니까? 어리석은 시도입니다. 게다가 기술뿐 아니라 기술자까지 포함하여 '되돌릴 수 없는'(irreversible) 정도로 해야 한다고 이야기하는데, 북한 입장에서 CVID, 그중에서도 특히 '되돌릴 수 없는'이라는 표현은 항복이나 패전을 인정하는 것이라는 점에서 받아들일 수 없습니다. 시설, 기술, 인력을 염두에 두지 않고 이른바 CVID를 반드시 관철해야 한다고만 주장하면 결국 비핵화하지 말자는 것이나 다름없는 것이지요.

워낙 어불성설이라는 지적을 받다보니 근래에는 FFVD(Final, Fully Verified Denuclearization, 최종적이고 완전히 검증된 비핵화)를 언급하기 시작했어요. 앞서 나온 CVID에서 '되돌릴 수 없는'이 빠진 거죠. FFVD의 핵심은 검증이라고 할 수 있습니다. 단순한 검증이 아니라 '철저하고 완벽한' 검증이 핵심인 겁니다.

이게 바로 트럼프가 말한 20퍼센트의 의미입니다. 즉 팥소 없는 찐빵이지요. 예를 들어 북한이 핵탄두 ICBM을 천발, 만발 갖고 있다고 칩시다. 그런데 거기에 플루토늄이나 우라늄이 없다면, 그것은 핵미사일이 아니고 일반 재래식 미사일일 뿐입니다. 그 미사일 안에 재래식 폭탄을 150~200kg가량 넣어 미국 로스앤젤레스나 워싱턴으로 쏘았다고 칩시다. 그게 날아가 터지면 폭발력이 어느 정도일까요? 5층짜리 건물 한 동 부수는 정도예요. 북한이 미치지 않고서는 그런 일을 벌일 필요가 없는 거죠. 물론 미국의 국민 입장에서 보면 그게 내 집 마당에 떨어질 수도 있고, 탄두 안에 화생방무기를 넣을 수도 있다고 생각하니 위협이 되긴 하겠죠. 하지만 핵물질이 빠진 미사일은 팥소 없는 찐빵이나 다를 바 없습니다.

핵심은 바로 핵물질, 즉 미사일 안에 들어가는 팥소예요. 그러니 미국 입장에선 지금 북한이 플루토늄과 우라늄을 얼마나 갖고 있는지를 확실하게 아는 것이 중요해요. 핵은 지문을 남깁니다. 만약 완벽하게 검증하지 않으면 이를 감출 수 있어요. 역으로 완벽하게 검증만 하면 아주 적은 양도 빼돌리지 못합니다. 지금 북한이 플루토늄과 우라늄을 얼마나 갖고 있는지를 확인하여 완벽하게 들어내면 그뒤로 북한은 당분간 핵무기를 보유하지 못하는 셈이죠. 그래서 미국이 근래 들어 FFVD를 이야기하면서 '지난 수십년간 북한이 플루토늄을 얼마나 재처리했고 우라늄을 얼마나 농축했는지를 철저히 검증하겠다(fully verify)'는 것입니다.

현재 보유한 핵물질을 들어내는 것과 더불어 더이상 이를 못 만들게 하는 것도 중요합니다. 팥소를 못 만들게 하는 거죠. 그렇다고 북한의 핵과 미사일 관련 시설 3000동의 건물을 100퍼센트 부술 필요는 없겠지요. 3000동의 건물이 아니라 농축 우라늄을 만들고 재처리하는 시설만 없애면 나머지 시설들은 그에 딸린 시설인데 그것들까지 부술 필요가 뭐가 있겠습니까?

자, 이제는 트럼프의 발언이 핵탄두나 핵물질 또는 대륙간탄도미사일의 20퍼센트를 조기에 반출하는 것을 의미한다고 해석하는 분은 안 계시겠죠? 플루토늄을 재처리하고 우라늄을 농축하는 시설을 확실하게 폐기하는 것만으로도 핵물질 추가 생산을 차단할 수 있습니다. 바로 이 시설이 생산공정의 20퍼센트가량에 해당하는 것이고요. 트럼프는 그걸 이해한 거예요. 다시 말해, 지금의 북한 비핵화는 미국 주류 정치인, 학계, 언론이 그동안 생각했던 것과는 다른, '20퍼센트! 이 정도면 됐어'라고 이야기하는 트럼프만의 방식이 가미된 비핵화예요. 이 같은 비핵화이니 그것이 2020년까지 실현 가능하다고 말하는 것이고요. 충분히 의미있고 현실적인 해석입니다.

김정은과 트럼프의 절묘한 꼬리 물기

현재 비핵화가 이뤄지는 판국에는 긍정적인 요소가 더 많습니다. 정확하게는 현재의 국면을 '절묘한 꼬리 물기'라고 표현하고 싶습니다. 트럼프와 김정은이 서로에게 갖는 신뢰의 꼬리 물기가 이어지고 있습니다.

싱가포르 북미정상회담 전에 트럼프의 회담 취소 발언으로 한차례 위기가 있었지요. 남북정상이 5월 26일 판문점 통일각에서 '번개팅'을 하고 나자 트럼프가 회담에 나서겠다고 마음을 바꾸었고요. 바로 그다음 날인 5월 27일에는 판문점에서 북미 간의 만남이 있었습니다. 아마도 그날 미국 측은 북한 측에 희망목록을 제시했을 거고요. 향후 미국이 북한으로부터 받고 싶은 게 무엇인지를 쭉 적어 보여주었겠죠. 트럼프의 협상방식이 사안을 모조리 테이블 위에 올려놓는 식인데, 짐작건대 당시 미국은 처음부터 북한에 '풀 베팅'을 하며 압박을 가했을 거예요.

핵물질과 핵개발 프로그램을 비롯하여 ICBM뿐만 아니라 모든 탄도미사일, 화생방무기, 심지어 인권 사안까지도 언급했을 수 있습니다. 그게 곧바로 김정은에게 전달되었을 테고, 김정은은 그걸 무시한 듯해요. 결론은 여러분도 아시다시피, 김영철 통일전선부장이 북의 입장을 들고 담판을 지으러 태평양을 건너 뉴욕으로 간 것이죠.

당시 미국의 제안을 100이라고 할 때, 그중에서 북한이 고르고 골라 뉴욕회담에서 다시 제안한 것은 얼마나 될까요. 아마 북한은 그중에 10도 수용하기 어렵다고 했을 거예요. 이게 트럼프 입장에서 보면 치명적일 수 있습니다. 만약 힐러리가 대통령이었다면 이 10마저도 받아들이지 않았으리라 생각해요. 트럼프여서 이를 수용한 거죠. 트럼프는 김정은의 협상술을 어느정도 이해한 것 같아요. 트럼프라면 '야, 90은 버려놓고 10만 받았느냐'라고 화내지 않았을 거라는 거죠. 양측 협상술의 이른바 '케미'가 맞아떨어진 겁니다. 트럼프가 받은 '김정은 친서'라는 것도 실은 내용이 그저 '싱가포르에 와서 회담 하자'밖에 없거든요. 그럼에도 한편으로는 속 쓰려 하면서도 회담 참여를 응낙하고 싱가포르로 간 것입니다. 그 결과가 바로 6월 12일 북미정상회담이고요.

결국 아직까지 북미관계 개선과 한반도 비핵화는 100 중에 10도 해결되지 않은 상황입니다. 싱가포르 선언의 내용을 살펴보면 북미 간 관계 개선 즉 북미수교와 평화체제에 대한 합의를 언급하긴 했지만 실제로 트럼프 대통령이 결정하여 북한에 해줄 수 있는 건 그다지 많지 않습니다. 북한의 자주, 자립, 자위의 기준으로 보면 북미수교는 '자주' 항목에 해당합니다. 그런데 미국 대통령이 북미수교를 강행할 수 있습니까? 못

2018년 8월 4일, 싱가포르 엑스포 컨벤션센터에서 열린 아세안지역안보포럼(ARF)에서 마이크 폼페이오 미국 국무장관이 리용호 북한 외무상에게 다가가 악수를 청한 뒤 이야기를 나누고 있다.

합니다. 그가 할 수 있는 건 연락사무소 개설 정도입니다. 제 아무리 트럼프라도 그 정도 카드만을 갖고 있는 거예요. '자위'에 해당하는 평화협정은 맺을 수 있을까요? 그 카드 역시 트럼프 마음대로 꺼내지 못해요. 거기엔 우리 한국이나 중국까지 연관되어 있거든요. 미국이 혼자서는 절대 내놓을 수 없는 안입니다. '자립'과 연관되는 경제제재 해제는 트럼프가 해주고 싶어도 일단은 미국 의회의 승인을 받아야 하고 더군다나 그뒤에는 유엔제재가 남아 있습니다. 물론 미국 대통령이 할 수 있는 조치가 있긴 한데 테러지원국 해제 같은 몇가지 행정조치예요.

김정은은 트럼프가 스스로 해줄 수 있는 것이 이 정도밖에 없다는 걸잘 알고 있을 겁니다. 그러니 많은 이들이 이제는 김정은이 통 큰 결단을 내려야 하는 것이 아니냐, 트럼프를 구원할 수 있는 것은 김정은의 양보라고 이야기하기도 합니다. 그런데 과연 김정은이 그렇게 할 수 있을까요? 그러지 못할 거예요.

그 이유는 두가지예요. 지금 김정은과 트럼프가 서로 꼬리에 꼬리를 물고 있는데, 잘못하면 꼬리가 잘릴 수 있겠죠. 특히 트럼프의 꼬리를 자를 사람들이 많아요. 그게 위험한 거죠. 미국의 반트럼프 진영이 김정은으로부터 받을 것만 취하고는 약속은 싹 뒤집어버리면 북한이 리비아나 우크라이나 꼴이 날 수 있습니다. 이 같은 배반에 대한 우려와 공포가 존재하기 때문이죠.

두번째로 정말 중요한 부분은 북한의 인민입니다. 지금 북한 입장에서는 핵을 포기하는 게 누구한테 굴복하는 것이 아닙니다. 미국 이외의 어느 국가의 도움을 받아 돈을 받고 핵을 파는 것도 아니고요. 스스로 자발적으로 승리해서, 다시 말해 '인민의 행복과 경제발전, 행복한 나라를 만들기 위해 내가 승리했고 그리하여 비로소 핵을 내려놓는 것'입니다. 이미 비핵화에 나설 명분과 정당성 논리를 그렇게 세우고는 이를 갖고 인민들을 설득하고 있습니다. 그런데 만약에 미국이 달라는 대로 막 줘버리면 이때까지 자신이 내려놓은 것에 대한 명분이 없어져버리는 거잖아요. 사실 이게 더 큰 이유라고 할 수 있지요.

앞서 말씀드린 프론트로딩, 즉 초기에 북한이 핵탄두나 미사일 일부를 먼저 양보해야 문제가 풀리지 않을까 예측하는 것은 북한을 너무도 모르고 하는 희망 섞인 말일 뿐입니다. 북한의 비핵화는 그들의 표현을 빌리자면 '핵완성을 통해 당당하게 쟁취해낸 결과'이고 '인민의 행복한 미래를 위한' 자기 스스로의 결정이지, 결코 '미국의 제재와 압박에 굴복한 것이 아니다'라는 점에서 앞으로도 미국이 하자는 대로 하고 달라는 대로 주는 일은 없을 테니까요. 김정은도 우리가 생각하듯 내내 미국만 쳐다보고 있지 않고 이제는 북한 내부로 고개를 돌려 인민들을 보면서 통치하고 있다는 사실을 간과해서는 안 될 것입니다. 비핵화 과정에서 다소 유연하게 나올 수는 있지만 그에 상응한 미국의 조치 없이는 더 나아가기 어려울 것이고, 북한 그들만의 단계적·동시적 진행을 포기하지는 않을 것이라 봅니다.

북한의 의미심장한 변화와 비핵화를 보는 우리의 시선

이쯤에서 꼭 짚고 넘어가야 할 게 있습니다. 바로 북한의 내부적인 변화입니다. 북한이 지금 왜 이러한 선택을 했는가에 대한 냉정한 평가 또한 필요하니까요. 과연 북한은 경제제재와 군사적 압박에 굴복하여 빗장을 연 것일까요?

북한이 2018년 신년사에서도 밝힌 것처럼 올해는 그들에게 정말 중요한 해일 것입니다. 단순히 정권 수립 70주년이어서라기보다 군사에서 체제안정으로 대전환하는 변곡점이 되는 해이기 때문이지요. 2016년 5월, 북한은 36년 만에 조선로동당 당대회를 개최하고 경제개발 5개년 전략을 발표하며 실질적인 '김정은시대'를 열었습니다. 다만 지난 2년간은 여전히 핵실험과 미사일 발사에 매진해왔고 그 결과 핵무력 완성을 선포하긴 했지요. 하지만 불안정한 안보환경이 지속되다보니 이제는 경제발전이나 인민생활 향상 등에 매진하도록 주민들을 다그칠 명분이 없어진 상황이었습니다. 뭔가 변화가 없다면 김정은의 통치력에 금이 가고 정권의 안정에도 부정적인 영향을 미칠 수밖에 없는 것이죠. 그리하여 2018년은 김정은에게 통치력의 시험대에 서서 경제발전을 위한 돌파구를 마련하고 정권을 장기적으로 유지하는 데 가장 중요한 변곡점이 되는 해인 셈입니다.

북한은 이미 500만대의 휴대전화를 손에 든 주민들이 500여곳의 장마당에서 돈을 벌어 생활하는 사회입니다. 과거 김일성·김정일 시대처럼 감시와 통제 체제로는 더이상 주민을 동원할 수 없게 된 거죠. 절대빈곤의 대중들은 다른 생각을 가질 수 없지만 자기 부를 조금이라도 쌓을 수 있게 되면 그렇지 않아요. 일부 폐단이 개선되기 시작하면 아직 시정되지 않은 문제들을 더이상 인내하지 못한다는 '토크빌의 역설'이 이제는 북한사회에도 적용 가능해 보이거든요. 북한에서 대외적 위협보다 대내적 불안이 주는 공포가 커진다면 그때 김정은이 주력할 것은 핵이 아니고 인민일 것입니다. 그래서 김정은이 인민대중제일주의를 내세우면서 선대와는 비교할 수 없게 인민친화적 행보를 보이고 있는 것이겠고요. 2018년 북한은 인민들이 마음 놓고 생활하고 경제발전에 매진할 수 있는, 전쟁위협 없는 안정된 환경을 조성하는 것을 가장 우선시하고 있는 것으로 보입니다.

북한은 지금까지 많은 경험을 치렀습니다. 미국과의 협상이 잘되는 듯 보이다가도 다시 원점으로 되돌아가는 일도 부지기수였지요. 이 같은 악순환이 반복될 때마다 주변국들은 어떻게 이야기했나요? "너희들 그럴 줄 알았어. 북한 너희에겐 당연한 거 아니야?" 하지만 이제는 '당연히 그럴 줄 알았다'라는 말 자체를 반성해야 할 때입니다. 꼭 북한만의 잘못으로 일을 그르친 게 아니니까요. 북한의 잘못뿐만 아니라 또다른 장애물이 있었다는 점을 인식해야 할 때입니다.

비핵화는 판도라의 상자와 같습니다. 여러분도 알다시피, 판도라의 상자는 인간이 가진 온갖 재앙을 담은 상자입니다. 모두 하나같이 비핵화를 원하면서도 정작 비핵화의 상자를 여는 데 주저하고 있습니다. 트럼프의 임기 마지막 해이자 북한의 경제발전 5개년 전략 기간과도 맞물려 있는 2020년 내에 이 상자를 어쩌다 잘못된 방식으로 열게 될 경우, 우리한테 어떤 일이 벌어질지 모른다는 두려움 또한 갖고 있는 듯하고요. 비핵화가 어떤 변화와 결과를 초래할지에 대해 불안해하는 거죠.

이제는 우리의 인식을 바꿀 필요가 있습니다. 지금까지 우리는 비핵화 과정이 끝나고 난 뒤의 변화만을 기대하고 있었던 것은 아닌가 자문해볼 필요가 있어요. 하지만 이 과정이 시나리오대로 종료될 수 있을지 미지수거든요. 자칫하면 그 변화가 우리한테 긍정적이지 않은 변화로 나타날 수도 있다는 겁니다.

판도라의 상자 안에는 우리 인간의 화나 재앙, 인간의 잘못된 불행만 있었던 게 아닙니다. 가장 밑에는 희망이 있었습니다. 그런데 그 희망이 왜 못 나왔죠? 그건 판도라가 상자를 열었다가 깜짝 놀라 상자의 뚜껑을 닫아버렸기 때문입니다. 희망이 미처 빠져나올 수 없었던 겁니다. 우리가 2018년 비핵화 문제를 바라보는 방식도 이와 비슷합니다. 판도라가 상자를 열었다가 두려워하며 금세 뚜껑을 닫아버린 것과 같이, 우리가 이 상황을 지레짐작으로 판단하고 평가하면 그 밑에 깔려 있는 2020년의 희망과 꿈은 나오지 못하는 것입니다.

지금 우리가 두려움과 불안이 엄습하는 상황을 견디지 못하고 지금까지의 관성에 따라 비핵화를 평가하여 '어, 이거 뭔가 잘못되겠다'라고 성급히 판단하여 상자를 닫아버리면, 그 아래의 진정한 희망과 꿈은 나오지 못합니다. 그걸 끄집어내기 위해서는 어쩌면 우리가 그 상자 속으로 들어가야 할 수도 있습니다. 그 안의 희망과 꿈은 우리 스스로 찾아내야 합니다.

우리가 가진 두려움, 그리고 실재

그렇다면 우리가 무엇을 두려워하는지를 꼼꼼히 살펴볼 필요가 있겠지요. 다시 강조하지만, 여기서는 북한의 비핵화로 발생하게 될 군사안보상의 변화 등에 어떻게 대응할 것이냐를 말하는 게 아닙니다. 우리 스스로 한반도의 분위기를 바꿔내어 비핵화를 만들어가야 한다는 뜻입니다. 완전한 비핵화 이후 나타날 안보상의 문제를 우려하는 수동적인 관점을 버리고, 우리 스스로의 변화를 통해 완전한 비핵화를 만들어내자는 말씀을 과감하게 드려봅니다.

2020년 비핵화가 완료된다면 경제제재가 완전히 해제되고 평화협정이 체결될 가능성이 높습니다. 그리고 나면 곧바로 북미 간 수교까지는 아니더라도 그에 준하는 상황이 벌어질 수 있습니다. 여기서 2020년은 미국 대선의 해이고 다시 말해 트럼프가 재선에 도전한다는 의미를 지닌 해입니다.

이 변화의 와중에 과연 우리는 어떤 생각을 갖고, 어떤 변화를 염려해야 할까요. 우선 우리 일상에선 어떤 변화가 일어날까요. 일단 지금 종전선언이 언급되고 있지요. 종전선언이 이루어지면 1953년의 정전협정을 어떻게 유지하고 관리할 것인지, 남북 간의 각종 군사분계선들을 어떻게 재획정할 것인지 하는 문제가 발생합니다. 또한 평화협정과 수교가 된 상황에서 과연 한미동맹이 지금의 모습을 유지할 수 있을까, 주한미군은 현재대로 운영할 수 있을까 하는 문제도 생깁니다.

만약 판도라 상자를 잘못 열면 한꺼번에 이 같은 복잡한 요소들이 터져나오면서 우리가 감당할 수 없는 상황으로까지 치달을 수 있습니다. 그러다보면 '아예 열지 않으면 되지'라는 생각이 번뜩 들 수도 있고요. 역설적으로 비핵화를 하지 않으면 그런 걱정을 안 해도 되니까요. 하지만 지금 비핵화를 하지 않는다고 한미동맹이 지금과 다를 바 없이 유지될까요? 방금 말씀드린 '아예 열지 않으면 되지'라는 생각은 결국 우리의 두려움을 집약한 표현입니다.

판도라 상자를 열었을 때의 변화를 두려워하여 상자를 열지 않으면 평화가 유지된다고요? 누군가는 그런 희망을 품고 있을지 모르지만 그건 현실에 대한 잘못된 진단에 따른 헛된 희망일 뿐입니다. 이제는 더이상 돌이킬 수 없는 상황임을 우리는 직시해야 합니다. 앞에서 "김정은 위원장이 루비콘강을 건넜다"라고 표현했잖아요? 이미 돌이킬 수 없는 길을 갔다는 뜻입니다. 그런데 그렇게 강을 건넌 이에게 "너 다시 돌아가"라고 말한다면 그 사람이 "그래, 알았어"라면서 순순히 응할까요? 김정은이 만약 그렇게 돌아가면 자신의 정권을 유지할 수 있을까요? 그렇지 않습니다. 강을 건너지 않았을 때엔 그게 가능합니다. 하지만 이미 강을 건너버린 지금은 불가능합니다.

지금 북한의 비핵화에 대한 수많은 의심과 질문이 김정은에게 그가 건너온 강을 다시 넘어가라고 강요하고 있는 것은 아닌지 걱정스럽습니다. 김정은에게는 이제 선택지가 그리 많아 보이지 않습니다. 인민들이 지켜보는 가운데 어렵게 강을 건너온 김정은이 다시 돌아가야 하는 결정을 내릴 때에는 과연 어떠한 일이 벌어질지 상상조차 하기 싫습니다. 어쩌면 과거 어느 때보다 큰 불안과 공포가 기다리고 있을지 모르기 때문이지요.

2018년 4월 27일 남북정상회담에서 김정은은 이미 핵을 내려놓겠다고 선언했습니다. 6월 12일 싱가포르 북미정상회담에서는 여러 인상적인 장면이 있었습니다. 어떤 분들은 김정은과 트럼프가 서명하고 난 다음에 그 둘이 걸어가면서 김정은이 트럼프 등을 툭 치는 장면이 인상적이었다는 말씀을 하시더군요. 그에 반해 제가 가장 인상 깊게 본 장면은 회담 전날인 6월 11일 저녁 8시부터 10시 사이에 김정은이 싱가포르를 돌아다니는 모습입니다.

유튜브를 보면, 조선중앙텔레비전에서 40분짜리로 편집한 회담 당시의 모습이 나오던데요. 그중에서 김정은이 마리나베이샌즈 전망대에 올라 싱가포르의 발전상을 내려다보는 모습이 있습니다. 그다음 장면에서는 김정은의 시선과 같은 각도에서 그 싱가포르의 화려한 경관을 있는 그대로 보여줍니다. 조선중앙텔레비전은 그 모두를 김정은 위원장이 북한에 도착하고 나서 바로 전국적으로 방영했다고 합니다. 인민들이 그걸 다 봤고요.

북한의 인민들이 그 방송을 보고는 어떻게 생각했겠습니까? '젊은 사람이 외국 한번 나가서 재밌게 구경하고 왔네'라고 생각할까요? 아닙니다. 뭔가 전달하고 싶은 의미있는 메시지가 있구나 생각하며 그걸 보는 겁니다. 그 메시지가 과연 무엇인가라는 질문에 대한 답변은 4월 20일 북한의 조선로동당 전원회의에서 이미 나왔습니다. 그 회의에서 북한은 지난 56년 동안 유지해오던 군사 우선의 병진노선을 결속, 즉 마무리 지었습니다. 그 자리에서 북한은 핵개발의 유예를 선포하고 핵실험장 폐기를 발표합니다. 정확하게는 그 결정서에 이 발표가 나오게 된 게 경제발전을 위해서라기보다 이제 북한이 핵무력의 완성을 했기 때문이라고 적어놓긴 했습니다만, 그 속뜻은 유예와 폐기 자체였습니다. 그러고 나서 경제 중심의 새로운 전략을 이야기하기 시작했지요.

그때 김정은이 이런 말도 했습니다. "인민의 웃음소리가 가득 찬 나라를 만들겠다" "인민이 유복하고 문명적인 생활을 할 수 있는 나라를 만들겠다"라고요. 인민의 웃음소리가 가득 찬 나라, 유복하고 문명적인 나라는 곧 김정은이 자신의 눈으로 목격한 싱가포르의 모습입니다. '나 김정은이 이 자리에 와서 지금 트럼프와 협상하고 핵을 내려놓는다'라는 진정 어려운 결정을 한 것은 자신이 미국한테 굴복해서 나온 것이 아니라는 것입니다. 핵을 완성했다는 자신감을 갖고 트럼프를 불러들였

2018년 6월 11일, 북미정상회담을 위해 싱가포르를 방문한 김정은 위원장이 싱가포르 마리나베이샌즈 스카이파크에서 야경을 보고 있다.

고, 그 자리에서 자신감 있게 인민들의 행복을 위해 '나는 이렇게 결정했다'라는 뜻입니다. 이제는 우리가 죽고 사는 문제가 아니라 잘 사느냐 못 사느냐의 문제가 남아 있다는 의미이기도 합니다.

이건 제가 직접 들은 이야깁니다. "왜 우리가 핵을 갖고 구질구질하게 살겠느냐. 더이상 이렇게 살기 싫다. 이제 우리는 죽고 사는 문제가 아니라 잘 사느냐 못 사느냐라는 문제를 고민한다. 그러므로 핵을 포기할 수 있다." 문재인 대통령이 김정은 위원장에게 이런 내용의 말을 듣기 한달하고도 보름 전에 이미 헬싱키에서 북의 고위급 외교관에게 직접 들은 이야기예요. 그는 '핵은 포기하기 위해 만든 것'이라고도 이야기했습니다. 2018년 3월, 그 이야기를 처음 들었을 때엔 잘 와닿지 않았습니다. 시간이 지나고 나서야 그 말의 진의를 이해할 수 있었지요.

저는 그걸 '핵 보유의 딜레마'라고 이름 붙였는데요. 북한에 만약 핵이 없다고 생각해볼까요. 핵이 없었다면 북한이 현재의 지점까지 왔겠습니까? 핵이 있었기 때문에 지금에 이르렀고 정권이든 체제든 인민이든 간에 북한은 이 핵을 통해 현재까지 생존할 수 있었지요. 결국 수십년간 그들은 핵을 내려놓으면 죽을 수도 있다는 핵 포기의 딜레마 속에 살았던 거예요. 그런데 지금 이 시간부터 북한은 핵 포기의 딜레마가 아니라 핵 보유의 딜레마에 빠져 있는 겁니다. 이제는 핵을 내려놓지 않으면 체제의 안전을 위협받게 된 상황에 이른 것이지요.

판도라의 상자를 여는 첫번째 열쇠, 군사적 신뢰 쌓기

비핵화가 진척될 때 우리 한국인들에게 미칠 영향도 여러가지입니다. 이런 변화들을 수동적으로 기다릴 것이 아니라 우리 스스로 자발적인 태도로 이를 활용하여 비핵화를 만들어가야 합니다. 그렇게 되면 오히려 2020년 그 판도라 상자를 우리가 직접 열 수 있고 그 속에서 재앙이 아닌 희망을 확인할 수 있을 것입니다. 특히 급변하는 국제관계 속에서 판도라의 상자를 열고도 또다른 딜레마에 빠지지 않으려면 그 핵심인 '군사' 분야를 잘 다져놓아야 합니다.

2018년 남북정상회담 판문점선언 당일이었던 4월 27일 여러 방송에서 다양한 패널이 나와 의견을 피력했습니다. 대부분의 인사들이 남북정상회담이 북한의 비핵화와 북미정상회담의 디딤돌이 되어야 한다고했는데, 비핵화를 위한 시작점이 될 필요는 없지요. 심지어는 정상회담조문에 비핵화 내용이 상당 부분 들어가야 한다고도 했고요. 선언문 제1조가 비핵화 내용을 담아야 한다는 이야기도 있었어요. 당시 저는 '이게 아닌데' 고개를 갸우뚱거렸고요. 그러다가 그날 저녁 6시 남북정상회담 판문점선언문을 받아보고는 코끝이 찡해졌습니다. 비핵화가 언급되긴 했지만, 1조가 아닌 3조 항목에서도 한참 아래에 위치해 있더라고요. 그 1조 1항은 남북관계였습니다. 제가 꿈꿨던 남북 판문점선언과 거의 유사하더라고요. 무척 반가웠습니다.

판문점선언이 비핵화를 추동하고 북미정상회담에 긍정적인 영향을 미치기를 기대하는 것은 당연합니다. 다만 회담이 단순히 그것을 위한 주춧돌이나 시작점이 될 필요는 없지요. 남북정상회담은 남북관계만의 특별함을 담아내야 하지 않겠습니까? 그렇지 않으면, 다시 말해 북미정상회담이나 비핵화가 이뤄지지 않으면 남북관계는 영원히 지금까지의 모습과 다를 바 없겠지요. 어느 회담에서건 남북관계가 항상 먼저 논의되어야 하는 이유가 여기에 있는 것입니다.

선언문 중 제가 진정 감명 받은 내용은 제2조입니다. 2조가 군사 부문의 사안으로 채워져 있습니다. 결국 한반도 정상화라는 판도라의 상자를 열기 위해서는 가장 중요한 것이 군사적인 신뢰 조치라는 겁니다. 어떻게 보면, 지금까지 우리가 비핵화나 남북관계를 군사문제로 해결하지 않고 경제 등 타 분야의 문제로 해결하려 했기 때문에 쳇바퀴 돌아가듯 제자리에서 맴돌았던 것 아닌가 싶습니다. 그래서 우리가 주도적으로 나서지 못하고 미국의 경제제재라든가 북미관계의 작은 변화 하나에도 끌려갈 수밖에 없었던 게 아닌가도 싶고요.

군사적 신뢰를 쌓지 않고서는 결코 남북관계의 특수한 상황이 해소될 수 없습니다. 또한 선제적인 군사적 충돌방지 및 군사적 긴장완화 실현 등 군비통제정책을 시행함으로써 비핵화와 평화협정을 가속화할 수 있을 것입니다. 그래야만 남북관계가 어떠한 북미관계나 비핵화의 부침에도 흔들리지 않고 나아갈 수 있습니다. 이로써 남북관계만의 특별한 독립성을 갖게 되는 것이고 오히려 남북관계가 비핵화와 북미관계 나아가 한반도와 동북아의 평화를 견인할 수 있다고 봅니다. 결국 한반도 비핵화를 위해 북핵문제, 평화체제, 군비통제의 3대 과제를 연계하여 해결해야 하지 않을까 싶습니다.

평화체제로 나아간다는 건 무엇을 의미할까요? 그건 1953년 정전협정을 평화협정으로 바꾸는 겁니다. 평화협정은 약속이고 평화체제는 그 약속을 이행하고 지켜나가려는 노력의 일환입니다. 이런 차원에서 판문점선언 제2조가 경제나 다른 사안이 아니라 군사적 신뢰 조치를 통해 평화협정의 여건을 만들어 평화체제를 세우고 비핵화로 나아가는 구조를 제시했다는 점이 고무적이에요. 이를 토대로 우리가 남북관계에서 군사문제를 좀더 우선시하며 자신감 있게 풀어가야 하지 않을까 싶고요. 남북 간 군사적 신뢰 조치를 통해 종전선언을 넘어 평화협정의 여건을 만들고 그 평화협정을 단계별로 맺음으로써 평화협정과 비핵화를 함께 이끌어나가야겠습니다.

비핵화와 평화체제의 조합은 분명히 한미동맹의 변화를 야기할 거예요. 여기서 한가지 우리가 생각해보았으면 하는 것은, 비핵화와 평화체제가 향후 한미동맹의 변화를 야기하는 것을 마냥 기다리고만 있어야 하는 것인가라는 문제입니다. 우리가 그 상황을 인지하고 한미동맹의 변화를 스스로 미리 준비해둠으로써 비핵화와 평화체제의 현재 조합을 더 진전시킬 수도 있는데 말이지요.

한미동맹이 불변하고 영구하다는 일각의 생각은 '우물 안 개구리'의 편견일 뿐이에요. 우리는 한미동맹의 불변을 일반상식처럼 여기는데, 이는 국제정치의 시야로 본다면 미국이 자신들의 국제정치를 합리화하고 정당화하기 위해 만든 이론을 그저 따르고 있는 것에 불과하지요. 현실적이든 이론적이든 힘의 변화는 당연히 또다른 변화를 불러올 수밖에 없습니다. 지금 이렇게 큰 변화가 일어남에도 불구하고, 한미동맹은 변할 수 없다면서 버티려 하는 것은 불가사의한 일입니다. 우리 스스로가 변화에 수긍하지 못하면 앞으로 감당할 수 없는 상황을 맞이할 수도 있음을 명심해야 해요.

주한미군 없이 한미동맹은 불가능하다는 말도 있습니다. 이제는 '과연 그럴까'라는 질문을 던져볼 시기입니다. 결국은 미군이 없는 한미동맹에 대한 새로운 정의가 필요한 것이지요. 비핵화와 평화체제, 북미수교에 따라 한미동맹에도 분명히 큰 변화가 있을 것이기 때문입니다. 이것이 굳이, 일부에서 이야기하는 것과 같이, 한미동맹을 해체해야 한다든가, 한미동맹을 깨고 독자적인 길로 가야 한다든가, 새로운 동맹을 찾아야 한다는가 하는 식으로 성급히 결정하자는 것은 아닐 테고요. 물론 한미동맹이 현재 상태로 존속해야 한다는 말도 아니지만요.

중요한 것은 2020년까지 우리가 만들 변화와 그 변화 속에서 나타날 다양한 안보환경 속에서 한미동맹과 주한미군이 어떤 역할로 변화, 재조정될 것인가 하는 문제는 우리가 이를 어떻게 면밀히 준비하느냐에 따라 달라진다는 것입니다. 그런 차원에서 동맹의 재조정, 재정의가 필요해질 겁니다. 또한 이와 같은 차원에서 주한미군의 주둔 문제에 대해서도 분명히 그 해법을 찾을 수 있을 거고요. 분명한 것은 미군이 없는 한미동맹은 절대 불가능하다는 기존의 편견은 이제 버릴 때가 되었다는 것입니다. 미군이 없는 한미동맹, 혹은 그것이 아닌 새로운 관계로 발전해나갈 가능성은 충분해요. 그 새로운 변화가 비핵화, 다시 말해 2020년에 열릴 판도라의 상자에서 우리가 불행이 아니라 행복과 평화를 꺼낼 수 있는 길이 아닐까 생각합니다.

Q. 말씀 중에서 핵무기 개발이 성공하려면 핵물질, 기폭장치, 미사일 모두가 있어야 한다는 내용이 인상 깊었습니다. 북의 핵위협에 대해 늘 이야기하지만, 실제 기술적으로 북한의 핵능력에 대해서는 많은 사람들이 잘 모르는 것 같습니다. 이에 대해 좀더 설명해주시면 좋겠습니다.

좋은 질문 감사합니다. 북한 비핵화는 정치적인 문제이지만 그렇다고 기술적인 이해 없이 해결방안을 찾는 것은 쉽지 않지요. 북한의 비핵화에 대해 기술적으로도 좀더 깊이 접근할 필요가 있습니다.

북한은 김정은 집권 이후에만 네차례, 총 6회의 핵실험을 실시했습니다. 북한이 핵실험을 6회나 실시했고, 그 과정에서 핵폭발을 일으키는 데 성공했다는 것만으로는 핵무기를 가졌다고 할 수 없지요. 핵무기란 핵분열을 일으키는 물질인 플루토늄과 고농축우라늄, 핵분열을 발생시키는 기폭장치 그리고 원하는 목표지역까지 운반하는 투발수단 3가지가 모두 합쳐져야 비로소 완성되는 것입니다. 세가지 중 하나라도 없으면 핵무기라고 할 수가 없는 거죠.

북한이 탄도미사일 개발에 매진한 것도 그것이 바로 핵탄두를 목표지점까지 운반하는 수단이기 때문입니다. 핵물질을 늘려 핵탄두가 아무리 양적으로 증가한다 하더라도 원하는 목표에 떨어뜨릴 수 없다면 아무런 의미가 없지요. 북한이 지난 2017년 11월 29일 대륙간탄도미사일인

화성 15형을 발사하고 난 직후 '핵무력 완성'을 선포한 것도 운반수단까지 포함하여 핵무기를 최종 완성했다는 의미로 이해해야 합니다.

현재 북한이 가진 핵능력과 위협의 정도가 얼마나 되는지 정확하게 말하기는 어렵습니다. 미국 본토에 다다를 정도의 사거리를 지닌 미사일을 발사했다고 해도, 지금 당장 사용 가능한 핵무기를 보유했다고 단정하기는 어렵고요. 다만 북한이 이미 핵무력 완성을 선포한 만큼 기술적으로 상당한 수준까지 이르렀음에는 틀림없어요. 물론 실전에 배치해 운용하기 위해서는 추가적인 시험발사가 필요할 텐데 북한이 선언한 탄도미사일 발사 유예는 핵위협이 더이상 늘지 않고 현 상태에서 중단되었다는 의미가 있고요.

일반적으로 핵탄두를 몇개나 보유하고 있는지를 기준으로 한 국가의 핵무력 수준을 평가하는데요. 여기서 핵탄두의 보유수는 핵물질을 얼마만큼 갖고 있는가에 따라 결정됩니다. 핵폭발을 일으키는 물질은 플루토늄(Pu-239 93퍼센트)과 고농축우라늄(HEU, U-235 90퍼센트), 이렇게 두가지뿐이에요. 플루토늄은 천연 상태로 존재하지 않습니다. 우라늄을 연료로 하여 원자로를 돌려야만 얻을 수 있지요. 천연에서 채취된 우라늄 역시 U-235의 비율이 단지 0.7퍼센트(U-238이 99.3퍼센트) 밖에 되지 않아 그 상태로는 핵무기를 만들 수 없습니다. 이른바 농축이라는 과정을 거쳐 U-235의 비율을 90퍼센트 이상으로 올려야 하는데 이를 위해 통상 이용하는 것이 바로 원심분리기입니다.

북한이 핵무기를 만들 수 있는 플루토늄과 고농축우라늄을 얼마만큼 갖고 있는지는 정확히 알려져 있지 않아 핵탄두의 숫자 또한 단정하기

는 어려워요. 그러나 북한에는 원자로를 비롯한 재처리시설과 핵연료봉 공장 등 많은 핵 관련 시설이 있습니다. 일각에서 의심하는 것처럼, 지금도 이러한 핵시설이 가동을 중단하지 않고 계속 돌아가고 있을 수도 있지요. 혹여라도 그게 맞다면 이는 핵물질의 양이 계속 늘어나고 있다는 것을 의미하지요. 이로써 북한의 핵능력 증가는 물론 비핵화 협상에서 북한의 몸값을 점점 올릴 수밖에 없는 것이겠고요.

Q. 사드(THAAD) 배치 문제는 어떻게 되는 걸까요? 박근혜정부 당시에 적극적으로 유치했지만 지금 같은 형국에서는 크게 필요해 보이지 않는데요.

사드의 한반도 배치 문제는 여전히 현재진행형입니다. 배치가 완료되어 정상 운용될지 아니면 되돌아갈지 그 결말을 예측하기도 어렵습니다. 지금까지의 사드 배치 결정이 국가안보적 차원에서 설사 불가피한 선택이라고 하더라도 절차상 문제점이 꾸준히 제기되기도 했고요. 배치 결정이나 반입 절차에 대한 의혹에 대해서는 지금까지 그 의사결정 과정이 명백하게 드러난 것이 없다는 점에서, 이에 접근하는 데 한계가 있을 거예요.

사드가 아직 개발 중인 무기라는 기술적 한계에도 불구하고 미국과 중국 모두 왜 한반도 사드 배치에 민감하게 반응하는지에 대해서도, 한반도를 둘러싼 미중관계라는 지정학적 시각에서 살펴볼 필요가 있어요.

사드 배치는 미래의 통일된 한국이 지니는 군사안보적 정체성과 연결되어 있습니다. 즉 통일된 한국군의 성격을 결정하는 문제이죠. 2000년 10월 15일 『뉴욕타임스』에 실린 사설 "If Koreas Unite, Will Asia Divide?"는 분단된 한반도가 통일되면 남북군사분계선을 중심으로 한 작은 분단이 대한해협을 중심으로 아시아의 큰 분단을 초래할 거라고 이야기합니다. 통일된 한국이 친중국가화하는 것을 우려하는 겁니다. 결국 미국의 입장에서 사드를 한반도에 배치하느냐 마느냐는 통일 이후에도 주한미군이 계속 주둔하는가, 한미동맹을 바탕으로 안보적인 관계가 그대로 유지될 수 있는가를 평가하는 중요한 잣대인 셈이죠.

반대로 중국 입장에서 본다면 사드의 한반도 배치는, 한국이 미국 입장에 서서, 또한 중국의 세력확장을 저지하기 위한 포위전략으로 인식되는 미국의 아시아 회귀전략에 동참했음을 뜻하지요. 단순히 사드 배치라는 하나의 차원이 아니라 미중관계하에서 그들이 생각하는 한중관계의 레드라인을 한국이 넘어섰다고 평가할 수 있는 겁니다.『환구시보』나『인민일보』도 두만강, 압록강이 제2의 38선이 되는 걸 용인할 수 없다는 점을 공공연하게 밝히고 있습니다. 이런 점에서 한국의 고민과 딜레마가 생기는 것입니다. 중국은 한국이 사드 배치를 이야기하면서 한반도 통일에 대한 중국의 지지를 바라는 것은 어불성설이라고 분명히 못 박고 있습니다.

사드 배치가 한국의 미래와 직결된다는 점에서, 그것에 따른 갈등은 미중 간 패권경쟁하의 양자택일이나 제로썸(zero-sum)게임이 되어서는 안 됩니다. 한반도를 둘러싸고 급변하는 동북아 및 국제환경 속에서 향후 우리가 어떻게 살아가야 할지에 대한 원칙과 비전에 결부된 문제니까요. 결국 사드의 한반도 배치가 현재는 물론 미래의 국익에 합당한지를 중장기적인 국가전략 차원에서 바라봐야겠지요. 현재의 미중 간 패권경쟁은 오히려 한국을 비롯한 동아시아 주변국가들에 전략적 공간을 제공하여 대외정책의 자율성을 높일 수 있는 기회를 줄 수도 있습니다. 이런 점에서 지혜로운 대처가 필요해 보입니다. 마냥 불가능한 일도 아니고요.

'안보는 미국, 경제는 중국'이라는 이중적인 접근은 아무래도 한계가 있습니다. 안보와 외교는 어느 하나 빠짐이 없어야 해요. 한미동맹이 중국에 오히려 매력적으로 비치고, 중국과의 지리적인 인접성이 미국에 매력적으로 이용될 수 있는 접근법이 필요합니다.

Q. 앞으로 군사훈련 축소, 군비 감축 등의 프로세스가 필요할 듯합니다. 이때 남북한 군부나 미국의 군산복합체 같은 데서 이 같은 군축에 대해 저항하는 정도가 셀 듯한데, 이에 대한 해법이 궁금합니다.

앞서 제가 '꼬리 물기'라고 표현했습니다. 트럼프의 꼬리를 자를 수 있는 세력 또는 걸림돌이 될 수 있는 세력 중의 하나가 반트럼프 진영과 군산복합체예요. 싱가포르 회담 이후 비핵화 문제가 진전되지 않고 있는 것은 김정은 위원장과 트럼프 대통령 간 갈등이나 의견 차이도 있지만, 미국의 반트럼프 진영이 만들어놓은 프레임, 즉 북한의 비핵화 의지와 행동을 저평가하고 불신하는 틀이 작동하기 때문이거든요. 종전선언에서도 마찬가지고요.

결국 이 문제를 해결하기 위해서는 남북관계의 개선이 필요합니다. 그중에서도 남북의 군사문제를 논의하여 전쟁과 군사적 충돌 위험을 제거하고 군사 부문의 신뢰를 쌓아가는 것이 우선되어야 하고요. 남북관계에서 군사적으로 문제가 없고 사이가 돈독한데 미국이 무슨 핑계로 종전선언을 못해주겠다고 할 수 있겠습니까. 북한의 용어를 빌려 써보자면, 남북관계에서 '선군(先軍)'의 개념을 떠올릴 필요가 있습니다. 남북협상이나 남북관계에서 군사문제 우선 혹은 선행 논리를 적용해야 한다는 의미로요. 남북의 군사문제가 비핵화와 북미관계를 촉진하고 자극하는 역할을 맡을 수 있다고 봅니다. 이미 그 생각은 판문점선언에도 담겨 있고요.

지금까지 군사적인 문제와 군비통제 등은 항상 나중에 이야기할 문제였습니다. 남북 간 정치·경제의 문제를 앞에 두고 이 사안들에 맞춰 따라가야 했지요. 이를테면 비핵화가 돼야 군비통제가 가능한 식이었어요. 이제는 그 고정된 틀이 없다는 걸 전제해야 합니다.

지금까지의 남북 간 군사문제에는 군의 운영방식을 기본으로, 특히 구조적이며 수치상으로 군을 줄여나가야 한다는 조건이 항상 획일적으로 강요되었어요. 하지만 이제는 남과 북의 필요에 따라 군사적 신뢰 조치 단계에서도 다양한 차원의 변화가 필요합니다. 지금 가장 큰 문제는 수도권을 위협하는 북한의 방사포, 포병전력입니다. 그 포병전력을 휴전선 후방으로 밀어내자고 하는 것은 비현실적인 주장입니다. 북한 측에 5킬로미터 내지 10킬로미터 뒤로 가라 하면 우리도 그만큼 아래로 내려야 하는데 우리는 절대 그만큼 이동할 수 없으니까요. 땅값을 생각해보세요. 그런 수치상의 획일적 조정은 의미가 없다는 것입니다.

아이디어의 전환이 필요합니다. 예를 들어 서울과 평양 지역에 대한 상호 안전보장을 선언한다든가, 수도권을 공격금지구역으로 설정한다든가, 남북한이 오타와협약(대인지뢰금지협약)에 동시에 가입하고 지뢰 제거에 나서는 등의 조치가 가능할 것입니다. 이처럼 유연한 제안을 내놓는다면 충분히 선제적으로 군사문제 해결을 수행할 수 있을 거예요. 이렇게만 된다면 남북 간의 군사위협이 제거된 상태인데 미국이 어떻게 한반도에 무기를 팔고 딴지를 걸겠습니까?

4

한반도를 둘러싼
주변 강대국의
전략은 무엇인가

김준형 金峻亨

연세대학교 정치외교학과를 졸업한 뒤 미국 조지워싱턴 대학교에서 석사와 박사 학위를
받았다. 풀브라이트 교환교수로 미국의 대학에서 강의했고, 미래전략연구원 등 다양한 민
간 연구소와 포럼 등에서 활동해왔다. 현재 한반도평화포럼 외교센터장, 대통령직속정책
기획위원, 청와대안보실자문위원, 외교부혁신자문위원장 등을 맡고 있다. 국제정치이론,
미국 외교정책, 동북아 국제관계를 주로 연구하고 있으며 1999년부터는 한동대학교에서
학생들을 가르치고 있다. 지은 책으로 『전쟁하는 인간』(2016) 『좋은 정치란 어떤 것일까
요』(2012), 『미국이 세계 최강이 아니라면』(2008), 『국제 정치 이야기』(2006), 옮긴 책으로
『암흑의 대륙』(2009) 등이 있다.

상식의 몰락, 극우의 출현

한반도 문제를 논하기 전에 저 멀리 영국의 브렉시트(Brexit) 이야기로 시작해보려 합니다. 2016년 6월 영국에서 국민투표를 통해 브렉시트가 통과되자 전세계 많은 이들이 당혹해했지요. 그로부터 5개월 뒤에는 도널드 트럼프가 미국 대통령으로 당선되었고요. 설마 했던 일들이 연이어 일어나니 그 충격파가 세계를 뒤흔들었어요. 그러나 브렉시트 통과나 트럼프의 당선이 곧 판도라의 상자를 열었다고 할 순 없습니다. 그것은 원인이 아니라 동시다발적으로 분출하는 여러 현상 가운데 하나였을 뿐입니다.

미국과 유럽에서만 이런 일이 일어나는 것이 아니지요. 전세계적으로 이미 트럼프 같은 선동적이며 거친 '강자'(strongman)에 열광하는 현상이 퍼지고 있잖아요. 지식인들은 이 사태를 내다보지 못했고, 세계는 점점 좌절과 불안감에 휩싸이고 있습니다.

좀더 시야를 넓혀볼까요. 2차대전 이후 지속되어왔던 '자유주의 국제질서'(liberal international order)가 그 동력과 정당성을 급격하게 상실하면서 문명사적 대전환의 시대를 맞이하고 있습니다. 프랜시스 후쿠야마(Francis Fukuyama)가 1990년대 초 냉전이 끝나자 더이상의 이념대결은 없다는 의미로 '역사의 종언'을 선언했지만, 이후 30년간 오히려 자유주의는 힘을 잃어가는 듯도 해요. 자유주의체제는 외부의 위협보다 내부의 모순을 드러내며 전세계의 지배규칙으로서의 위상을 조금씩 상실해왔어요. 돌아보면 2001년 9·11테러와 2008년 글로벌 경제위기는 미국이 주도하는 자유주의 국제질서의 본격적인 위기를 알리는 상징적인 신호탄 같았지요.

자유주의 국제질서가 이처럼 근본적인 위기에 봉착하게 된 원인에 대해서는 의견이 분분합니다. 우선 그것의 핵심 기둥이라고 할 수 있는 민주주의와 시장자본주의가 회복탄력성을 잃어버린 것을 첫손으로 꼽고요. 서구 선진국들은 시장을 끊임없이 넓혀가면서 유사 이래 최고의 번영을 누려왔지만 그것은 공짜가 아니었어요. 번영의 과실이 고르게 분배되지 않음으로써 내부적으로 불평등을 초래했고, 이로 인해 자본주의를 지탱하는 중산층이 붕괴되었지요. 신자유주의 세계화에 특화된 기업과 자본은 기회와 이익을 누리면서 부를 거의 무한대로 축적했지만 노동자들은 임금 정체, 자산가치 하락 등으로 고통을 겪어왔습니다. 그러다보니 기존 사회시스템에 대한 불신, 반이민 정서와 외국인 혐오,

그림 속의 노동자가 EU의 깃발에서 하나의 별을 지우고 있다. 이는 영국의 EU 탈퇴 즉 브렉시트를 표현한 것으로, 영국의 그래피티 예술가 뱅크시가 2016년 도버항의 어느 건물의 벽에 그린 것이다.

세대 갈등 및 혐오 등이 봇물 터지듯 분출되고 있고요. 그 분노들이 모여 폭발적으로 쏟아져 나오고 있는데, 국가도 공동체도 상당 부분 이를 조율해내지 못하고 있습니다.

국제정치도 예외가 아닙니다. 군비경쟁을 부르짖는 극우 민족주의와 안보 장사꾼들이 활개를 치고 있지요. 패권의 추억은 강경한 대외정책을, 국제협력에 대한 피로감은 고립주의를, 그리고 개방과 이민에 대한 반감은 인종주의를 부추기고 있습니다.

미국과 중국, 패권과 제국

저는 국제정치를 전공했고 그 한 분야로서 미국의 대외정책, 미중관계, 국제관계 전반을 공부하고 있습니다. 그러다보니 동북아시아에서 일어나는 일들을 국제정치적으로 바라보는 데에 익숙한데요. 앞서 말씀드린 '자유주의 국제질서'나 '규칙에 기반한 국제정치'(rule based international order) 등이 지난 반세기 넘도록 국제정치를 규정해왔습니다. 물론 그 내부에 흠결은 많지만, 이 두가지 개념은 대부분의 국제사회에서 2차대전 이후에 통용되어온 상식적인 질서, 다르게 말하면 미국의 패권질서가 정당하다는 주장의 기본 토대입니다. 한마디로 미국의 패권질서가 진정 정의롭느냐라는 질문은 좀더 면밀히 따져야 하는 문제이지만, 많은 나라들이 이 질서를 받아들이고 있는 것 또한 엄연한 현실이지요.

다음의 단어들을 제시하여 미국 사람들과 중국 사람들의 반응을 살펴보면 그들 각각의 인식을 파악할 수 있습니다. 패권(hegemony) 그리고 제국(empire)이라는 말입니다. 우선 미국 사람들은 패권이라는 말을 듣는 걸 꺼려하지 않습니다. 제국이라는 지적에는 기겁하지만요. 그에 반해 중국 사람들은 제국이라는 표현을 잘 받아들이는 반면, 패권이란 말에는 얼굴을 찡그립니다. 왜 그럴까요. 여기에는 각각의 역사적 배경이 있고 이 두 국가가 꿈꾸는 비전 또는 이를 정당화하는 논리가 있기 때문입니다.

미국 같은 경우는 자국이 과거에 존재했던 제국주의 국가들과는 다르다고 생각합니다. 흔히 포르투갈과 스페인의 제국주의를 1차 제국주의, 그리고 19, 20세기 유럽 대부분의 국가들이 관여한 제국주의를 2차 제국주의라고 말하는데요. 미국은 이들과 자국을 구별하면서, 즉 자신들은 그 어떤 영토도 정복하지 않고 어디든 속국으로 만들지 않았으며 또한 착취하지 않았다고 못 박습니다. 이에 대해서는 논박할 여지가 많지만 다른 제국주의와 비교하는 관점으로만 본다면 틀렸다고 할 수 없지요. 몇몇 경우를 제외하곤 군사력으로 압박하지 않고 미국의 문화와 지식 등 소프트파워를 통해 접근해왔기 때문입니다.

이에 반해 패권이라는 말에는 과민반응을 보이지 않습니다. 왜냐하면 패권은 매우 객관적인 용어라고, 즉 자신들이 가장 강하다는 명백한 사실을 드러내는 중립적인 용어라고 여기거든요. 그래서인지 근래 들어 자주 등장하는 '미중 패권경쟁'이라는 표현에도 별달리 대꾸하지 않습니다.

반대로 중국은 20세기 중반 이후에 내내 소련이나 미국에 대한 반패권주의를 뿌리 깊게 인식해왔기 때문에 본인들은 단 한번도 패권을 추구한 적이 없다고 강조합니다. 언젠가 중국 학자들과 회의할 일이 있었는데, 그때 제가 미중의 '패권경쟁'이라는 표현을 썼다가 그들로부터 강하게 반박 받았던 기억이 납니다. 그런데 이와는 달리 제국, 제국주의라는 말은 중국에서 그렇게 즐겨 쓰진 않더라도, 과거 중국의 화려했던 제국의 부활과 맞닿아서인지 이에 대해 그렇게 알레르기 반응을 보이진 않더군요. 다시 말해 과거 중국을 망하게 만든 서구제국주의는 당연히 싫어하지만, 제국이라는 말 자체는 그들에게 큰 문제가 되지 않습니다.

미국 패권의 근거: 번영, 민주, 평화

미국이 말하는 '객관적' 패권의 정당화 논리, 즉 앞서 말씀드린 자유주의 국제질서 등을 구성하는 핵심축은 세가지입니다. 많은 국가들이 이 논리에 따라 미국의 패권질서를 수용하게 되지요. 즉 동의에 의한 패권질서입니다.

그 핵심축 가운데 첫번째는 자유무역과 시장경제입니다. 이는 경제의 번영을 상징하죠. 실제로 미국은 2차대전 이후 자본주의 질서를 주도하면서 많은 국가들과 함께 경제적 번영을 이뤄왔습니다. 핵심축의 두번째는 자유민주주의입니다. 물론 미국 내부에도 인종차별을 비롯하여 민주주의 문제가 산적해 있고 20세기 후반 한국을 포함한 제3세계 국가들의 민주화 과정에서도 상당히 왜곡된 개입을 하긴 했지만, 상대적으로 그들이 자유민주주의의 모델 역할을 수행해왔던 것 또한 사실입니다. 미국의 정치학자 테오도어 로위(Theodore J. Rowi)는 현대 세계사에서 미국의 역할을 네가지로 규정하는데요. 바로 국제정치의 균형자, 경제적 팽창주의자, 신성동맹 같은 구질서 유지자, 그리고 '나쁠

레옹'의 역할입니다. 여기서 네번째 역할이 흥미롭습니다. 나뽈레옹 자신은 프랑스대혁명의 혼란기를 틈타 독재자로 군림했고, 유럽을 전쟁으로 몰아넣은 침략자이지만, 동시에 프랑스대혁명의 정신을 전 유럽에 퍼뜨린 자유주의 전파자의 역을 맡았다는 것이죠. 역설적이게도 나뽈레옹이 전쟁에서 패하고 1815년 빈(Wien) 조약을 맺었을 때 새롭게 등장한 체제는 보수반동체제였거든요. 마찬가지로 미국이 민주주의를 적극 전파하진 않았지만, 전세계 자유민주주의의 확대를 가져온 하나의 모델이었음은 부인할 수 없다는 이야기입니다. 로위의 이 같은 비교는 꽤 타당해 보입니다.

미국의 패권을 정당화하는 세번째 논리는 평화입니다. 가장 논란이 되는 부분이다보니, 즉 평화라는 용어를 쓰기엔 다소 어불성설 같다보니 국제정치적으로는 '안정' 또는 '안보' 질서라고 규정하기도 합니다. 실질적으로 미소 간 냉전이 전세계의 안정에 기여한 측면이 있습니다. 무슨 말인가 의아해하실 수도 있는데요. 미소 간 냉전은 분명 대결구도였고 철저하게 강대국 위주의 질서였지만 역설적으로는 이 시기에 일종의 세력균형, 특히 핵무기에 의한 공포의 균형이라는 기이한 안정을 구가했던 거죠.

이들 세가지 축(번영, 민주, 평화)이 최근까지는 상당한 정도로 주효했습니다. 그런데 2000년대 들어와 이 시스템이 흔들리고 있습니다. 첫번째, 시장 즉 자본주의가 흔들립니다. 자본주의가 가져온 부작용이 번영의 효과보다 훨씬 커졌기 때문입니다. 그 부작용이란 바로 소득불균형, 즉 불평등입니다. 성장 또한 멈췄습니다. 더이상 자본주의로는 경제

성장이 담보되지 않는 시점이 온 겁니다. 경제학자들은 이를 '경기침체가 장기화된다'라고 말하고요. 1960년대 전후 제3세계가 근대화에 박차를 가하던 시절에 소득불균형이 그 나라들을 뒤흔들었지요. 그런데 당시 제3세계 국가들이 아우성을 쳤음에도 꿈쩍 않던 제1세계 국가들에도 소득불균형 문제가 심각하게 들이닥친 것입니다. 영국의 브렉시트나 미국의 트럼프주의같이 세계적으로 극우세력이 득세하는 이유 중 하나가 바로 빈부격차, 즉 소득불균형 때문입니다. 우리도 이를 똑같이 겪고 있고요.

두번째, 미국이 패권을 유지하는 기반 논리인 민주주의가 후퇴하고 있습니다. 전에는 바깥 즉 제3세계에서만 그런 퇴보 양상이 두드러졌습니다. 그런데 지금은 제1세계에서도 민주주의에 역행하는 현상들이 시시때때로 일어나고 있어요. 미국의 경우 트럼프가 의회를 무시해대니, 민주주의의 모델이라고 자부하는 그 나라에서부터 그 가치가 무너지고 있지요. 이러다보니 중국이 자기 시스템을 미국식 민주주의의 대체질서라고 자랑스럽게 얘기할 정도가 되었죠. 터키의 에르도안(R. T. Erdogan)이나 러시아의 푸틴(V. Putin), 필리핀의 두테르테(R. Duterte), 북한의 김정은이 저렇게 강하게 나올 수 있는 것도 이런 상황에서 묘한 자신감을 얻었기 때문입니다. '아, 독재와 번영이 같이 갈 수 있구나. 실제로 그런 성공사례가 있구나'라고 생각하는 거죠.

세번째, 평화 또한 불안해졌습니다. 대개의 나라들이 세계적 평화와 안정을 유지하려 하기보다는 자국의 안보를 더 우선시하면서 안보질서가 흔들리기 시작했습니다. 특히 1990년대 초 사회주의가 몰락한 뒤, 즉 미소의 균형이 무너진 뒤에 새로운 질서가 등장하지 않은 탓이 큽니다. 소련이 무너진 이래 약 30년간 그것을 대체하는 질서가 등장하지 않았잖아요. 미국이 전적으로 독점하는 질서인 줄 알았는데 실제로 그들이 독점하기엔 그 체제 자체의 체질이 약해져버린 것입니다.

트럼프가 '나, 이제 세계안보를 책임 못 져'라고 선언한 것이 바로 이런 맥락에서 나온 행동입니다. 과거에는, 물론 문제가 많았지만, 미국이 세계의 패권자로서 대다수 나라의 안보를 책임진 것이 하나의 버팀목 역할을 했습니다. 그런데 이제 그걸 책임 못 지겠다는 거예요. 미국의 전략가들이 지금 우려하는 일 중 하나가 트럼프가 얼마나 자국의 동맹 네트워크를 망가뜨릴지, 과연 그걸 복구할 수 있을지, 나중에 그 관계를 회복할 수 있을지예요.

트럼프는 이런 상황에서 도대체 왜 그렇게 선언하는 걸까요. 앞서 말씀드린 것처럼 미국 경기가 침체하고 있고 그 경제악화의 직격탄을 맞은 하층민들의 분노가 거세기 때문입니다. 이때 등장한 인종주의, 배타적 민족주의를 트럼프가 영악하게 자신의 정치적 의도에 맞게 이용하려는 거죠.

미중 패러독스

세계의 체제 전반이 불안해지는 이유는 또 있습니다. 바로 미중 간의 패권경쟁인데요. 그런데 이 패권경쟁은 단순한 겨룸이 아니라 양면적 성격을 지닌 대결입니다. 저는 이를 미중 패러독스라고 부릅니다. 즉 역설의 관계인데요. 미국은 침체하고 중국은 급부상하고 있지요. 그런데 인류 역사상 패권경쟁을 치르는 국가들의 관계가 이처럼 친구도 아니고 적도 아닌, 즉 정확한 관계설정이 되지 않은 사례는 없었습니다. 아테네와 스파르타, 영국과 독일, 미국과 소련처럼 분명히 적으로 구분되는 관계이거나 영국과 미국처럼 친구의 관계도 아닙니다. 적의 관계라면 진영대결 또는 전쟁으로 치달을 가능성이 높고, 친구의 관계라면 패권이 둘 중 하나에 이전되는 과정이 전쟁 없이 서서히 이뤄질 가능성이 높거든요.

그런데 중국과 미국은 너무나 상호의존적이면서도 동시에 서로를 불신합니다. 특히 기존의 패권국인 미국이 중국을 의심하고, 중국의 부상을 경계합니다. 물론 두 나라의 국력이 세고 두 나라 모두 오늘날 엄청난 파괴력의 첨단무기를 보유하고 있기 때문에 인류의 종말까지 초래할 서로 간의 충돌, 즉 미중전쟁으로 치달을 가능성은 매우 낮아요. 다만 간을 본다고 해야 할까요. 서로의 의중을 떠보면서 어떤 때에는 상대에게 경고조치 같은 것을 던집니다. 즉 양국은 전쟁으로 나아가진 않겠지만, 서로에 대한 불신이 팽배하다보니 결국 그 불똥이 주변국들에 떨어집니다. 20세기 중후반의 미소 냉전은 삼엄한 긴장 속에서도 그들 나름의 안정적 체제를 유지할 수 있었지만, 21세기 초의 미중 경쟁체제는 늘 불안정한 가운데 주변국들에 엄청난 스트레스를 줍니다. 가장 많은 스트레스가 엄습하는 곳이 바로 한반도이고요.

전세계에 두루 미치는 영향력 면에서는 중국이 아직까지 미국에 맞

트럼프 미국 대통령과 시 진핑 중국 국가주석이 2017년 11월 베이징 인민대회당에서 만나 악수하는 모습. 회담 전 미국은 이미 합의된 '상호 관세부과 보류' 방침을 깨고 특정 중국산 품목에 25퍼센트 고율과세를 부과하기로 한 결정을 강행한다고 발표했다.

설 정도로 부상하지는 못했습니다. 그러나 문제는 그 둘의 싸움터가 바로 동아시아, 좁게 보면 동북아시아라는 겁니다. 미중의 본격적 패권경쟁이 이 지역에서 벌어질 것이고 앞으로 수십년 동안 그 대결이 지속될 수 있습니다. 그러면 그 둘의 싸움으로부터 압박을 받는 건 한반도를 포함한 주변지역이에요.

혹시 '러브소파'라는 가구를 아시나요. 미국에서 주로 소비되는 소파인데요. 연인을 위한 소파라는 뜻에서 붙인 이름인데, 두 사람이 겨우 앉을 수 있는 크기입니다. 이 소파를 불편하게 쓰지 않으려면 두가지 조건 중 하나를 갖춰야 합니다. 두 사람이 연인처럼 사이가 좋거나, 아니면 최소한 한 사람이라도 몸집이 작아야 해요. 동아시아라는 러브소파

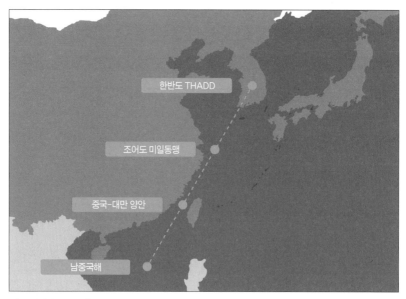

미중 패권경쟁의 단층선.

가, 중국이 막 성장하던 때 특히 미국에 기대어 성장하던 때에는 큰 탈 없이 사이좋게 쓰일 수 있었습니다. 점차 중국의 몸집이 커지면서 자리가 좁아진 것이지요. 가뜩이나 좁아진데다 서로 체제가 다르고 상대에 대한 불신이 자라면서 동아시아라는 소파가 점점 불편해지기 시작한 것입니다.

소파 안에서 서로의 머리, 어깨, 허리, 그리고 무릎이 맞부딪히고 있습니다. 여기서 머리는 한반도, 어깨는 동중국해, 허리는 중국과 대만 양안, 그리고 무릎은 남중국해인 셈입니다. 동중국해는 미국이 센까꾸 열도(尖閣列島, 댜오위댜오釣魚島) 분쟁에서 일본 편을 들면서 중국을 압박하는 곳이죠. 중국과 대만의 양안(兩岸)은 오래된 분쟁지역이고요. 여기에 남중국해(중국과 인도차이나반도, 보르네오섬, 필리핀으로 둘러싸인 바다)까지가 바로 미국과 중국이 끊임없이 상대의 의중을 떠보면서 충돌하는 지점입니다. 일종의 미중 패권경쟁의 단층선 또는 경계선이 되고 있지요. 가장 중대한 경계선은 바로 머리에 해당하는 한반도이고요. 이런 충돌의 전형적인 예가 바로 지난 수년간 큰 논란이 되었던 고고도미사일방어체계, 바로 사드(THAAD)입니다. 사드 논란의 핵심은 이것이 한반도를 놓고 미중이 벌이는 패권경쟁의 대리전이라는 점입니다.

이 같은 충돌은 앞으로 수십년간 지속되리라 봅니다. 차라리 냉전기 미국과 소련처럼 아군과 적군이 분명한 체제라면 주변국으로서 판단이 빨리 서는데, 지금 같은 역설의 상황이 현실적으로 불안감을 더욱 부추깁니다. 뭔가 확정되지 않은 체제에 편승하여 쉴새없이 양옆으로 눈치를 봐야 하는 상황이니까요. 특히 한국이 가장 핵심적인 충돌 포인트인 머리에 해당하는데, 경제는 중국에 의존하고 안보는 미국에 의존하는 기형적인 구조가 우리의 운신을 더욱 어렵게 만들고 있지요.

앞서 언급한 기존의 '자유주의 국제질서'를 대체하는 체제를 지칭하는 용어가 등장했습니다. 바로 '뉴노멀'(new normal)인데요. 이는 '새로운 정상'을 뜻하는 게 아니라 '다시는 정상으로 돌이킬 수 없는 상태'를 가리킵니다. 경기가 다시 살아나 심각한 빈부격차가 좁혀지고, 민주주의도 본래의 모습을 회복하며 사회도 안정되는, 즉 자본주의체제 전반이 안정기로 돌아가는 게 아니라, 이 긴장의 상황이 해결되지 않고 새로운 유형의 또다른 정상상태로 상당 기간 지속될 것이라는 뜻입니다. 게다가 각국의 시민들이 체제 자체가 붕괴할 것을 우려하다보니 스트레스 지수는 점점 높아지죠. 이 긴장국면의 한가운데에 한국이 있다는 것이 참으로 안타깝습니다.

투키디데스의 함정과 킨들버거의 함정

문재인 대통령을 비롯한 많은 이들이 2018년 한반도에서 진행되고 있는, 남북화해 무드를 포함한 평화프로세스가 지난 25년간 미뤄왔던 냉전체제의 마지막 잔재를 청산하고 냉전을 완전히 종식할 것이라고 이야기합니다. 저 또한 이에 동의하면서도 걱정이 떠나지 않습니다. 어쩌면 우리가 지금 역사 및 국제정치의 구조적 부조화 속에 들어와 있는 것일지도 모른다고 생각하기 때문입니다.

알다시피 1990년대 초에 세계의 냉전구조가 붕괴됐습니다. 하지만 모순적이게도 한반도는 탈냉전 물결에 편승하지 못하고 오히려 위기에 빠졌어요. 체제 생존의 위협을 느끼던 북한을 오히려 소외시키고 압박하자, 북한은 존망의 위기에 대비한다는 명목으로 핵을 개발하기 시작했습니다. 독일처럼 냉전종식을 활용하여 통일을 이루기는커녕 오히려 분단체제가 심화되었던 것이지요. 동북아에서도 한미일과 미중러의 진영대결 구조가 약화되기는 했지만 완전히 해체되지는 못했고요. 그러나 당시에는 우리가 하기에 따라 주변국들은 큰 방해꾼으로 등장하진 않았습니다.

지금은 어떤가요. 한국은 냉전을 벗어나 한반도에 지속 가능한 평화를 구축하고자 하는데, 주변국들은 이른바 '신냉전'을 연상케 하는 어려운 환경을 조성하고 있습니다. 신냉전이 기존의 냉전과 다른 점이라면, 앞서 말한 것처럼 냉전의 당사자인 미국과 중국이 그 대결을 어디서 멈출지 예측하기 어렵다는 것입니다.

월마트는 지금의 미국과 중국의 패러독스 관계를 상징적으로 반영하고 있습니다. 아마존 등의 대형 체인들이 생산량, 판매량 면에서 미국을 대표하긴 하지만, 고용지수 면에서는 월마트가 여전히 압도적 1위입니다. 월마트는 전세계에 걸쳐 지점을 가진 슈퍼마켓 체인으로 특히 미국에서 가장 많은 고용을 창출하고 있는 기업이고, 대규모 할인상품을 취급하기에 미국의 저소득층 사람들이 가장 많이 찾는 곳입니다. 어떻게 보면 트럼프를 지지했던 가난한 백인들의 소비 1순위 상점이지요. 그런데 그 월마트가 들여놓는 상품의 60퍼센트 이상이 중국산입니다. 값싼 중국 물건이 미국으로 수입되어 가난한 미국인들의 생활에 도움을 주는 구조입니다. 그런데 트럼프가 최근 그 중국산 물건들에 25퍼센트 수입관세를 물렸습니다. 이는 곧 월마트의 물건 값이 치솟는다는 뜻이고 월마트 물가가 올라가면 가장 피해를 받는 사람들은 바로 트럼프 지지자들입니다. 문제가 이렇게 얽힙니다.

이쯤에서 꺼내볼 만한, 최근 국제정치학의 화두가 된, '패권 전이'(hegemonic shift)에 관한 두가지 가설이 있어요. 하나는 '투키디데스의 함정'(Thucydides Trap), 다른 하나는 '킨들버거의 함정'(Kindleberger Trap)입니다. 투키디데스의 함정은 세력 간 경쟁 양상에서 패권국가와 도전국가의 충돌을 주요 요지로 하는 가설인데요. 투키디데스는 스파르타와 아테네의 전쟁사를 '펠로폰네소스 전쟁사'라는 제목으로 써낸 고대 그리스의 역사학자입니다. 단순히 사학자라기보다 동맹, 냉전, 세력 전이 등 국제정치의 기본원리를 풀어주고 있기에 국제정치의 아버지라고 불리고요.

근육질의 남자들로 화면을 가득 채운 영화 「300」을 기억하시나요. 그 영화를 보면 200여개의 도시국가로 구성된 고대 그리스의 패권국가인 스파르타가 페르시아와 전쟁을 치러 결국에는 페르시아를 물리치지만 그 장기전의 영향으로 국력이 쇠약해집니다. 그 와중에 아테네가 급성장하지요. 아테네의 급부상으로 말미암아 패권 유지에 위협을 느낀 스파르타는 급기야 아테네에 전쟁을 선포합니다. 이게 바로 펠로폰네소스 전쟁이지요. 그 전쟁은 중간에 7년간 냉전기까지 포함하여 28년이나 지속됩니다.

이처럼 도전자의 급격한 부상과 기존 패권의 쇠락이 겹칠 때 패권전쟁이 일어날 수도 있다는 것이 바로 '투키디데스의 함정'의 요지입니다. 하버드대 국제정치학 교수 그레이엄 앨리슨(Graham T. Allison)과 조지프 나이(Joseph S. Nye, Jr.)가 내놓은 주장이고요. 그들은 이 가설을 입증하기 위해 16세기 이후부터 최근까지 지역적 또는 세계적 패권경쟁 사례를 조사했습니다. 그 조사 결과가 흥미롭습니다. 열여섯번의 사례 중에 열두번이 전쟁으로 치달았다는 겁니다. 이 두 교수는 사실 자유주의 국제정치 이론의 입장을 가진 연구자들로 '투키디데스의 함정'이 절대로 피할 수 없는 필연이라기보다는 이를 적절하게 대비한다면 그 함정에 빠지지 않을 수 있다고 보았습니다. 하지만 역설적으로 패권

충돌의 필연성을 주장하는 사람들에 의해 더 자주 인용되고 있지요.

미중 간 갈등이 고조됨에도 정작 군사적 충돌에 이르기는 쉽지 않을 거예요. 많은 전문가들이 미중 양국의 높은 상호의존도와 그들의 엄청난 무력을 감안할 때 그 충돌은 세계종말로 이어질 것이라고 경고하고 있거든요. 결국 '투키디데스의 함정'에 의한 충돌은 그렇게 가능성이 높지 않다고 판단하고 있고요. 특히 위의 열여섯건의 사례 중에 최근에 가까울수록 전쟁을 피하는 확률이 높아진다는 사실도 이를 뒷받침합니다. 무엇보다 중국은 미국식 세계질서의 최대 수혜자이며, 미중 두 나라 모두 지금의 세계를 안정적으로 관리하는 것이 서로에게 이익이 된다는 점을 분명히 알고 있고요. 이처럼 충돌은 곧 공멸이므로 둘 간의 관계를 잘 유지해야 한다는 당위는 수용하면서도, 그것이 현실에서 그대로 실천될 것인지는 미지수입니다. 두 초강대국이 서로를 여전히 불신하는 가운데 상대의 양보를 전제로 하는 협력과 공존의 달성이 결코 쉬워 보이지 않기 때문입니다.

다른 한편에서는 '킨들버거의 함정'을 현 상황에 적용하고자 하는 사람들이 있습니다. 찰스 킨들버거(Charles kindleberger)는 2차대전 이후 유럽 경제부흥정책인 마셜플랜의 창시자로서 저명한 경제사학자입니다. 그는 신흥강국이 기존 패권국의 리더십을 대신하지 못하여 지배의 공백이 생겼을 때 국제질서에 재앙적 결과가 발생한다는 가설을 세웠습니다. 일례로 2차대전 발발의 원인을 국제 정치경제 면에서 보면, 영국은 1차대전 이후 패권적 능력과 지위를 상당 부분 상실한 반면, 미국은 1900년을 전후로 이미 여러 측면에서 세계 최고의 국력을 보유하게 되었다는 점을 주목할 수 있습니다. 명목상 패권국이었던 영국은 능력이 없었고, 실질적 패권국이었던 미국은 고립주의 등으로 세계질서에 대한 책임을 거부했습니다. 이 공백으로 인해 세계경제는 대공황으로 치달았으며, 대공황은 국가들 간의 보호무역주의와 배타적 민족주의를 부추겼고 이 상황들이 종합적으로 얽히면서 마침내 2차대전을 초래했다는 것입니다.

지금 상황이 당시와 유사한 점이 없지 않습니다. 미국은 자신의 패권과 영향력을 잃어가고 있고, 트럼프 대통령은 자유주의 국제질서의 리더십을 포기하고 자국 이익만 챙기겠다고 공공연하게 외치고 있지요. 반면에 중국은 국제적으로 리더십을 발휘할 수 있을 만큼 충분히 성장하지 않았어요. 다시 말해 지금은 이 세계질서를 안정화할 세력이 없는 셈입니다. 전간기(戰間期) 당시 능력 부재의 영국과 책임의식 부재의 미국과는 그 양상이 조금 다르지만, 지금도 미국은 책임의식을 내던지려 하고 있고, 중국은 능력 부재 속에서 책임을 이야기하지만 결국 현재 국제질서를 지탱해주는 공공재를 공급할 리더십을 갖추지 못했다는 점은 마찬가지입니다. 이 같은 점에서 미중 양국이 킨들버거의 함정에 빠질 가능성이 매우 높다는 관측에 힘이 실리는 것이고요. 물론 전쟁으로 나아가지 않을 수도 있지만 리더십의 공백, 그리고 자유주의 국제질서가 근본적으로 흔들리기 시작한 것은 사실입니다.

한반도를 둘러싼 세계 각국의 전략

　국제정치의 현황과 기본 개념에 대해 이해했다면, 이제는 동북아 주변국들의 전략을 살펴보겠습니다. 우선 미국이 2017년 12월 발표한 국가안보전략(NSS)에 주목할 필요가 있습니다. 이는 미국에서 새로운 정부가 출범하면 안보 및 대외정책 전략을 의회에 제출하면서 대외적으로 공표하는 청사진 같은 것입니다. 보통 30, 40면가량인데 이번에는 그 분량이 68면에 달했습니다. 전략서의 분량이 많아진 이유 중 하나가 집필자가 두명이었기 때문인데요. 정확히 말하자면 전 국가안보좌관인 맥매스터(H. R. McMaster)가 주 저자로서 초안을 작성했고, 트럼프가 이에 수정 및 가필을 한 공저자였습니다.

　맥매스터는 전략가입니다. 미국의 대외전략 목표로 세계 패권 유지를 두고, 이 질서에 대한 현상변경세력, 즉 도전세력으로 중국과 러시아를 지목했습니다. 다시 말해 대외정책의 기본이 중국과 러시아의 패권도전을 철저하게 막는 것이라고 규정한 것이지요. 전략가의 사고를 대표하는 맥매스터의 이와 같은 방안에 트럼프가 자신의 트레이드 마크인 미국우선주의를 덧칠했다고나 할까요? 물론 이 두 유형의 전략이 완전히 차이가 나는 것은 아닙니다만 이슈에 따라 편차를 보일 수 있습니다.

　문제는 트럼프가 자국이기주의에만 빠져 있다는 건데요. 대표적인 것이 동맹정책입니다. 맥매스터를 비롯한 전략가들은 미국의 힘이 약해질수록 동맹이 중요하다고 말합니다. 대서양의 나토, 태평양의 미일동맹과 한미동맹이 중요한 것이고 이 동맹들을 미국 패권의 유지를 위해 필요한 자산으로 생각합니다. 미국이 약해질수록 동맹의 힘이 필요하다는 건 상식이겠죠. 그런데 트럼프는 동맹을 어떻게 봅니까? 그저 미국에 무임승차한다고 봐요. 저 나라들 저렇게 부유한데 왜 우리한테 다 의지하느냐면서 동맹관계를 훼손하고 다니고 있어요. 미국의 패권 유지에 가장 중요한 대서양 나토와의 관계도 트럼프의 미국우선주의에 의해 어려워지고 있고요. 그러면서 러시아 푸틴과 손을 잡고 싶어합니다. 이런 행보는 미국의 전략가들이 보기엔 위험천만하지요.

한국에서는 지난 수년간 이러한 전략의 차이가 더욱 두드러졌습니다. 그동안의 상황에 대해 저는 '뻥뜯는 미국' '빵셔틀하는 한국'이라고 표현하기도 했어요. 분단체제로 인한 안보위협으로 말미암아 우리에게 동맹은 매우 중요합니다. 미국이 우리를 필요로 하는 것보다 우리가 미국을 더 필요로 한다는 인식하에 상당히 비대칭적인 동맹관계를 유지해왔습니다. 하지만 미국도 동북아 패권 유지의 측면에서 일본과 함께 한국을 전략적으로 필요로 하며, 이는 미국 내 전략가들의 인식과 일치합니다. 하지만 트럼프가 집권한 이후 그는 미국이 한국의 안보를 위해 전적으로 도와주고 있고, 한국은 여기에 무임승차하고 있다고 비판해 왔습니다. 트럼프는 이미 발효 중인 FTA를 미국에 불리하다며 일방적으로 파기하면서 재협상을 요구했고, 틈나는 대로 무기 구입을 요구했으며, 미군 주둔 부담금을 인상하고자 압박을 펼쳐왔습니다. 특히 지난 수년간 전쟁위기 속에 있는 한국의 입장을 고려하기보다 오히려 이를 이용하면서 자신들이 원하는 것을 관철하려 해왔지요. 때로는 미군철수 가능성을 거론하면서 일종의 협박처럼 한국을 길들이려 했고요. 트럼프는 앞으로도 미군철수를 협상전략으로 삼아 한국으로부터 최대한 이익을 뽑아내고자 할 것입니다.

미국우선주의를 뜻하는 소위 '트럼피즘'(Trumpism, 트럼프주의)은 트럼프 자신의 성격에서 기인한 측면도 큽니다. 예측하기 힘들고 드라마틱함을 추구하며 리얼리티쇼 같은 상황을 자주 연출합니다. 또다른 중요한 특징은 국정수행의 사유화 경향입니다. 그는 국가의 공무와 개인의 업무를 구분하지 못합니다. 국가의 대외정책을 장기적인 국가차원의 전략보다는 눈앞의 이익을 위한 사업적 거래로 생각하는 겁니다. 게다가 그에겐 오바마와의 필사적인 경쟁이 걸려 있습니다. 트럼프의 지지층 즉 몰락한 백인들은 과거 자신들이 미국이라는 나라를 부강하게 만들기 위해 피땀을 흘렸는데 오바마 같은 유색인종과 이민자들이 그 성과를 모두 가로채왔다는 분노에 차 있습니다. 트럼프는 이 같은 약자와 약자 간의 싸움, 전형적인 갈라치기를 조장합니다.

앞서 소개한 뉴노멀의 세계에서는 국가가 시장에 의해 밀려나면서 공공성을 회복할 능력을 잃어버렸습니다. 사실 국가는 빈부격차 같은 시장의 실패들을 보완함으로써 사회적 약자들을 지원해야 하지만, 이제는 그 역할을 거의 수행하지 못하고 있지요. 반대로 국가가 나서서 이민자와 난민에게 증오의 화살을 돌리고 있습니다. 책임전가를 통해 희생양을 만드는 것입니다.

자본주의가 그동안 빈부격차의 해결점으로 제시해온 것은 성장에 의한 부의 낙수효과였습니다. 즉 대기업과 고소득층 등 산업화의 선도 부문의 성과가 늘어나면, 후발·낙후 부문이 그뒤를 따르는 긍정적인 효과를 입게 된다는 것입니다. 여기에는 분배보다는 성장을, 형평성보다는 효율성을 우선시한다는 전제가 있어요. 그러나 현실에서는 부의 낙수효과보다 '증오의 낙수효과' 현상이 커지고 있습니다. 권력자가 국가의 실패를 은폐하기 위해, 또는 개선하지 않으려고 약자들끼리 싸움을 붙이는 거죠. 난민과 토착민, 노인과 청년, 남과 여의 대결은 현재 체제의 실패와 무관하지 않습니다. 시스템이 흔들리는 가운데 누군가를 끊임없이 적으로 만드는 거죠. 그게 바로 트럼프의 대외정책과 궤를 같이하는 것이고요.

평화를 두려워하는 세력들

트럼프가 왜 저렇게 오바마와의 경쟁을 이야기하느냐. 물론 양당제의 미국정치에서 정권교체가 일어나면 거의 예외없이 전임정부의 정책을 뒤집음으로써 새 정부의 정체성을 구별하려는 현상은 쭉 있어왔습니다. 트럼프 또한 소위 ABO(anything but Obama) 즉 오바마가 한 것 외에는 전부라는 말로 전임정부의 정책을 뒤집었고요. 하지만 이번 경우에는 특이점이 존재하는데, 이는 우리 사회가 노무현 전 대통령이 집권했을 때 어떻게 대응했는가를 떠올려보면 쉽게 이해할 수 있어요. 노대통령이 취임하자마자 사람들은 '대학도 나오지 않은 저 사람이 뭔데 대통령이냐'는 식의 반응을 쏟아냈지요. 기존 엘리트들이 보기에 노무현은 너무나 하자가 많은 거죠. 노무현을 나라의 리더로 인정할 수 없었던 겁니다.

　트럼프의 오바마 공격은 그런 증오와 멸시의 열배는 될 거예요. 흑인 주제에 대통령이, 그것도 지난 반세기에 걸쳐 가장 인기있는 대통령이 됐고 게다가 진보적이고 미국적인 가치를 이야기한다고? 그러니 트럼프와 기존 백인지배층은 이를 뒤집어야겠다고 생각하게 된 거고요. 이처럼 트럼프주의 아래에는 저열한 인종주의가 깔려 있습니다. 이는 미국뿐 아니라 현재 유럽, 또한 우리나라에서도 일어나고 있는 인종주의입니다.

　인종주의는 국제정치를 포함하여 우리가 사는 체제 전반을 뒤흔드는 매우 심각하고 사악한 이데올로기입니다. 내부적으로는 편을 가르고 차별에 의한 폭력을 발생시키며, 대외적으로는 배타적 민족주의로 흘러갑니다. 유럽에서도 이런 경향이 강해지는 추세인데, 동북아는 그 양상이 더욱 심해지고 있어요. 트럼프에다가 시 진핑, 아베, 푸틴, 김정은까지 그야말로 한반도 주변국 모두가 민족주의를 강조하고 다른 나라에 대한 적개심을 무기로 내부권력을 다지고 있지 않은가요? 혐한, 혐일, 혐중이 일상화되고 있어요. 우리는 일본을 싫어하고 일본 또한 우리를 싫어합니다. 박근혜 전임정부가 그대로 있었다면 동북아 6개국 모두가 이런 경향을 띠었을 것입니다.

　미국의 트럼프주의는 사실상 미국 패권의 불안감을 표출하는 것이며, 트럼프는 권력을 유지하려는 목적으로 이를 이용하는 거죠. 그런데 트럼프가 과연 돌출되고 예외적인 인물일까요. 아닙니다. 미국이 부강할 때에는 어느 정부도 이런 정책을 펼치지 않았습니다. 하지만 미국의

2014년 3월 16일 토오꾜오의 한 번화가에서 열린 재특회(재일조선인 특권을 허용하지 않는 시민모임)
의 집회에서 혐한단체에 반대하는 일본 시민 수백명이 행사장 주변에서 "재특회가 떠나라" "토오꾜오
는 인종주의에 반대한다" 등의 구호가 적힌 피켓을 들고 시위를 벌이고 있다.

패권이 흔들릴 때엔 민주·공화 구분 없이 이런 정책이 등장합니다. 현재 미국이 쇠퇴하고 중국이 부상하는 데에 대한 불안을 트럼프를 통해 드러내며 부추기는 것뿐입니다. 심지어 전통적 동맹국들을 향해서도 이런 행보를 보이고 있다는 점에서 트럼프 집권 이후에 이런 폭주가 쉽게 되돌려질 수 있을지 의문입니다.

지금 이 상황에서 북한문제가 가진 함의는 무엇일까요? 애매한 점이 많아요. 왜냐하면 한편으로는 대륙간탄도탄 개발로 말미암아 미국 본토까지 위협하는 이 골칫덩어리를 해결하고 싶으면서도, 다른 한편으로는 중국 견제를 위한 군사협력, 또는 더 나아가 동맹으로 한미일 3국을 군사적으로 묶는 데 북한을 활용해왔기 때문입니다. 다시 말해 북한

문제를 활용하여 한미동맹, 미일동맹을 강화하고 이를 통해 중국을 봉쇄하는 것이 그들의 전략적 비전이지요. 그런데 중국에 대한 봉쇄망을 제대로 갖추기도 전에 북한문제가 해결돼버리면 미국의 대중전략과 대아시아 정책에 큰 차질이 빚어질 수도 있는 거예요.

현재 미국 내에는 외교와 협상을 통한 북핵문제 해결에 대해 회의적이거나 이를 반대하는 세 부류의 세력이 있습니다. 하나는 김정은을 불신하고 악마화하는 집단으로 북한 비핵화의 진정성을 근본적으로 부인하고 있습니다. 그들은 김정은이 결코 비핵화하지 않을 것이며, 시간을 끌면서 핵보유를 기정사실화할 것이라고 굳게 믿고 있어요. 두번째 그룹은 트럼프에 대해 불신을 가진 사람들이에요. 이들은 트럼프가 북한문제를 해결할 능력도 의지도 없다고 봅니다. 특히 지난 25년간 북한과의 대화를 주로 이끌었던 민주당 계열의 대화파들은 트럼프가 문제를 풀지 못할 것이라고 보고, 오히려 그가 만에 하나 이 난제를 해결할까봐 우려하기도 합니다. 자신들이 풀지 못한 문제를 자신들보다 못하다고 여기는 사람이 해결하는 것을 원하지 않는 심리인 것이죠. 세번째 그룹은 앞에서도 잠깐 소개한 미국의 전략가들입니다. 사실 이들은 현 정부 내부에도 포진해 있는데, 북한문제를 따로 보는 것이 아니라 미국의 세계전략, 특히 동북아에서의 대중국전략이라는 큰 차원에서 다룹니다. 즉 대중봉쇄전략의 일부로서 북한문제를 대하는 것이죠. 그들은 비핵화 평화프로세스에는 관심이 없고, 트럼프가 국내정치의 어젠다나 자신의 능력을 뽐내기 위해 김정은과의 대화에 나선 것이라며 비판하면서 북한문제가 해결 불가능할 것이라고 봅니다.

가장 어려운 길을 택한 문재인정부

2018년 6월 12일 싱가포르에서 열린 북미정상회담을 현장에서 관전했습니다. 그러고 나서 독일, 미국, 일본, 중국을 다녀왔는데요. 방문지에서 관료와 전문가 들을 만나 지금의 전략에 관한 대화를 나눴는데, 그 감상을 약간 유머러스하게 표현하면 이러합니다. 첫째, 트럼프를 좋아하는 나라는 이스라엘과 한국밖에 없다. 둘째, 트럼프와 김정은을 동시에 좋아하는 나라는 한국밖에 없다.

지금 우리가 맞이한 상황은 쉬운 싸움이 결코 아닙니다. 우리는 역사를 거스르는, 다시 말해 미중의 패권경쟁, 안보 포퓰리즘, 배타적 민족주의 등 전략적 배경을 거스르는 싸움을 벌이고 있는 거죠. 근본부터 흔들리고 있는 자유주의 국제질서의 회복을 지향하고 있습니다. 2017년 한반도에 전쟁위기가 고조되던 당시에 한반도 평화프로세스를 내세운 문재인 대통령을 트럼프가 어떤 사람이라고 정의했습니까? 유화주의, 유화론자라고 했어요. 자유한국당의 전 당대표였던, 이른바 홍트럼프라고 불리던 홍준표 씨도 같은 용어를 사용했지요. 여기서 유화론자는 단순히 부드러운 대외정책을 펼치는 이를 가리키지 않아요. 이는 2차대전이 일어나기 전에 히틀러의 급부상을 강하게 막지 못하고, 이에 유화적으로 대했다가 결국 2차대전의 발발을 방관해버린 유럽 각국의 정치지도자를 비꼰, 역사적 오점을 남긴 이들을 수식하는 말입니다.

대개의 지도자들은 이와 같은 상황에서 가장 쉬운 방법을 택하고 싶은 유혹에 빠집니다. 내부적으로 난민, 외국인, 노인, 여성 등 사회적 약자를 적으로 만들어 그들을 향한 분노를 불러일으키고, 대외적으로는 위협을 과장하여 '강한 리더십'을 표방하면서 군사, 안보 부문만을 키우는 거죠. 어떤 면에서는 정권이 살아남기 위한 가장 손쉽고 빠른 길입니다. 정권에겐 손쉬운 안이지만 그 지배 아래에 있는 민중들에게는 불행이죠.

미중 패권의 갈등 구조가 우리 삶을 어렵게 하는 이유가 바로 이러한 정책을 답습하고 있기 때문입니다. 미국은 중국의 갈등을 조장하며, 이는 북한과도 마찬가지입니다. 중국 역시 미국의 위협과 공세를 두고 내부의 중화민족주의를 강조하는 동시에, 자신들의 꿈이 '강국몽(強國夢)'이라고 외칩니다. 수년간 우리를 괴롭혀온 사드 배치 문제는 앞으로 미중 패권갈등이 악화될 경우에 벌어질 문제에 비하면 약과일 수 있어요. 북한도 마찬가지입니다. 북한이 미국과의 타협 속에, 그리고 주변국의 도움 속에 체제안전을 부여받지 못한다면, 핵을 붙들고 생존에만 집중하게 될 것이며, 그럴 경우 한반도와 주변은 전쟁의 위기를 다시 맞이하게 될 것입니다. 한반도의 큰 불운이지요. 이런 의미에서 문재인정부의 출범은 역사적 미션을 갖고 있습니다. 촛불혁명이 우리에게 부여한 마지막 기회라는 생각도 듭니다.

강국몽과 소프트파워 사이의 딜레마

중국은 지금 딜레마에 빠져 있습니다. 우선 그들은 시 진핑의 비전이기도 한, 제국의 부활을 꿈꾸고 있는데요. 미국을 어떻게 다룰 것인가는 이 비전에서 가장 중요한 관건입니다. 2018년 초 시 진핑은 3연임 제한 규정을 폐기하고 장기집권의 문을 열었지만 국내외적으로 상당한 어려움에 처해 있습니다. 따지고 보면 사드도 본래는 중국 자신이 자국의 핵심이익이라고 말했다가 남한 배치 이후에 슬쩍 발을 뺀 거고요. 또한 중국의 미래를 위해 야심차게 시동을 걸었던 일대일로(一帶一路) 구상 역시 큰 진전을 보지 못하고 있습니다. 이외에 대외정책에서나 미국의 통상무역 압박에 대해서도 제대로 대처하지 못한다고 비판받고 있습니다. 과연 이 종신집권체제인 중국이 자신들의 꿈에 올인하는 만큼 성과를 낼 수 있을까가 미지수인 상황입니다.

중국은 또한 기존의 현상이 급격하게 변화하는 것에 대해 상당히 두려워하는 경향이 있습니다. 중국이 왜 북한문제에 대해 장기적 해결을 운운할까요. 북한에 대해 양가감정을 갖고 있기 때문이지요. 중국은 북한의 핵개발로 인해 미국의 압박을 지속적으로 받아왔기에 이 문제가 해결되는 것을 선호합니다. 그런데 그것이 해결됨으로써, 즉 기존 현상이 변화할 경우 자국의 핵심이익을 건드릴까봐 두려워하기도 합니다. 그러다보니 이 문제를 길게 끌어가는 동시에 여기에 중국의 영향력을 줄곧 행사하면서 자국의 이익이 훼손되지 않는 방식으로 천천히 해결하고 싶어서 장기적 관점을 고집하는 거죠.

문제는 이렇게 장기적으로 보는 것이 북한문제를 과연 해결할 수 있느냐는 겁니다. 그렇지 않다는 거죠. 만약 장기화되어 트럼프가 재집권하지 못하는 상황이 되면 이 또한 문제가 되고요. 우리가 트럼프에 의지해야 한다는 사실이 안타깝습니다만, 앞서 말씀드린 것처럼 트럼프는 오바마에 대해 경쟁심이 있습니다. 바로 그 오바마가 해결 못한 게 북한문제거든요. 트럼프는 오바마가 이룬 것들을 모두 되돌려놨습니다. 환태평양경제동반자협정(Trans-Pacific Partnership), 빠리기후변화협약, 심지어 동일한 핵협상이고 잘 마무리됐다고 평가받은 이란 핵협정도 다 깨버린 거죠. 오바마가 트럼프한테 권력을 넘겨주면서 "내가 임기 8년 동안 정말 아쉬운 게 있다. 북한문제 해결 못한 것이다"라고 했으니, 트럼프로서는 이를 해결하려는 의욕이 넘쳐난 거고요.

중국이 강국의 꿈을 이루고 미국과 대등한 패권으로 서기 위해 짧은 시간 내에 두가지 모순적 면모를 동시에 보여줘야 하는 것도 쉬이 해결하기 어려운 딜레마입니다. 즉 미국에 견줄 수 있는 강한 모습과 함께 국제적으로 공공재를 제공할 수 있고 또 타국의 모델이 되는 관용적 리더십을 보여주는 것이 필요해요. 주변국들이 중국을 의존의 대상보다 위협의 대상으로 볼 경우, 오히려 중국을 배제하고 미국과 손잡으려 할 테니까요. 그렇다고 미국의 패권을 대체할 수 있는 강한 모습을 보여주지 않을 수도 없고요. 그래야 다른 나라들이 중국에 의지하고 투자할 거 아녜요.

'킨들버거의 함정'에서도 말씀드렸지만 어떤 강대국을 대신하여 주변국에 공공재를 대주면서 패권자의 역할을 해내는 또다른 지도국이 필요할 때가 있습니다. 중국은 그런 의미에서 노력을 기울이고 있고요. 신자유주의의 상징과도 같은 다보스포럼에서 미국이 자유무역이 아닌 보호무역의 성향을 보인 반면, 중국은 미국의 빈자리를 의식해 적극적으로 자유무역의 선봉이 되겠다고 선언했습니다. 트럼프가 수용을 거부했던 빠리기후협약에 대해서도 중국은 그 필요성을 설파하면서 리더십을 드러냈고요. 미국을 대신할 수 있는 소프트파워를 가졌다는 걸 보여주려는 거죠. 아시아 아프리카 지역의 제3세계에도 적극적으로 공적개발원조(ODA)를 제공해왔고요.

이와는 반대로 강한 모습도 보여줘야 해요. 미국이 만들어놓은 동아시아 질서를 중국이 대체할 수 있음을 보여주기 위해서는 한반도, 남중국해, 동중국해, 대만 문제에서 미국에 밀리는 모습을 보여주기 싫은 거죠. 중국 내부에서는 주변국을 더 강하게, 감히 자국에 도전할 생각을 품지 못하도록 확실히 압박하자는 주장들도 많이 있죠. 다만 그렇게 밀어붙이다보면 주변국들은 위협을 느껴 미국에 의존하게 될 수 있어요. 최근 사드 문제에서만 봐도 중국이 한국을 압박한 결과 한미동맹이 더 강화되어버렸거든요. 시 진핑이 중국의 핵심이익이라고 규정했음에도 결국 사드에 대한 제재를 사실상 철회한 이유가 여기에 있습니다.

일본과 러시아의 노림수

일본은 냉전질서에 가장 익숙한 세력입니다. 그들로선 그게 가장 편

했고요. 지금까지도 여전히 냉전적 접근에 올인하잖아요. 미일동맹의 틀에 갇혀 미국의 등에 업혀 있으려고만 하고요. 스스로의 힘으로 대외전략을 추진하지 못하고 타국의 등에 업히는 것을 피기백(piggyback)이라고 하는데 일본이 딱 그 경우입니다.

일본은 이른바 '잃어버린 25년'을 지나면서 국민소득이 실질적으로 거의 정체된 상태입니다. 중국은 옆에서 엄청난 속도로 부상하고 있는데 말이지요. 중국의 급부상에 대해 미국은 중국의 행보가 어떻게 바뀌느냐에 따라 어떤 전략으로 대응할지를 생각하고 대응할 여유가 그나마 있지만, 일본은 달라요. 그럴 여유가 전혀 없습니다. 만약 미국과 중국이 가까워지거나 또는 미국이 너무 약해져서 아시아 특히 일본을 책임지지 못하게 되면 일본은 중국의 영향 아래에 꼼짝없이 들어가게 되는 겁니다. 일본 입장에서는 시간이 별로 없어요.

트럼프 이전 오바마 집권기 8년이 일본의 아베에게는 최고의 시기였습니다. 미일동맹 역사상 가장 좋았던 밀월관계가 오바마 8년간 진행되었지요. 오바마는 미일동맹을 강화하는 과정에서 한국인들이 미래보다는 과거지향적이라며 한일관계 개선에 소극적이라는 비판을 함으로써 한국인들을 실망시켰습니다. 오바마 정부의 아시아전략은 아시아로의 중심축 이동 또는 재균형 정책으로 중국을 봉쇄해야 한다고 생각한 소위 전략가들에 의해 짜였습니다. 이를 위해 미일동맹을 강화하고 지역 미사일방어망(MD)을 추진하면서 한미일을 군사동맹으로 엮어 중국을 봉쇄하겠다는 계획을 밀어붙여왔습니다.

아베는 혹시라도 미국이 아시아를 떠날 경우 스스로를 지킬 수 있게

끔 빠른 시일 내에 재무장해놓으려 합니다. 앞으로 미일동맹이 강화되면 더욱 좋지만, 혹시 미국이 떠나더라도 최소한의 역내 입지와 안보를 확보할 시간을 벌기 위해 냉정적 접근을 하고 있는 것이지요. 중국의 부상에 대한 일본의 두려움은 항상 아시아에서의 큰 전략적 구상을 내놓게 만들었는데요. 크게는 일본-인도-호주-미국을 마름모 꼴로 연결함으로써 중국을 봉쇄하려는 다이아몬드 전략 또는 '자유의 호'(Arc of Democracy)를 추구해왔습니다. 반면 중국의 일대일로는 진주목걸이를 닮았고요. 중국은 실제로 일대일로의 해양벨트 부분을 '진주목걸이 전략'이라고 이름 붙였습니다. 다이아몬드로 진주목걸이를 끊겠다는 것이지요.

문제는 트럼프가 집권하면서 아시아전략이 수정될 수 있다는 것입니다. 이에 일본은 다소 혼란에 빠졌습니다. 중국에 대항하는 지역무역기구인 TPP에 총력을 기울였고 오바마가 이에 협력해주었는데, 트럼프가 취임하면서 이를 곧바로 철회해버렸거든요. 북한에 대한 미일의 압박 공조 역시 일본과 충분히 협의하지 않고 대화전략으로 수정해버렸습니다. 물론 미일동맹의 강화를 통한 대중국 견제는 여전히 유효한 전략입니다. 최근 미일 양국은 인도태평양 구상이라는 공통분모를 만들어 기존의 다이아몬드 구상과 비슷한 방식으로 대응하고 있습니다. 특히 인도는 인구 수가 중국에 비견할 만하고 미국에 우호적이며 민주주의체제를 표방하고 있으니, 미국과 일본은 인도가 중국을 대체하면서 동시에 중국을 견제할 적임자라고 보는 것이지요. 그런데 이게 생각처럼 쉽지는 않습니다. 인도 또한 중국과 미국 사이에서 양가감정을 느끼고 있거든요. 당연히 중국도 인도에 줄곧 손을 뻗치고 있었고요. 아시아 전체에서 편 가르기가 진행되고 있는 셈입니다.

일본은 아마도 당분간 트럼프의 속내를 살피다가, 만약 한반도 평화프로세스가 좌초될 경우에는 과거의 냉전적 대결진영으로 갈 것이 분명합니다. 하지만 한반도 평화프로세스가 본격화된다면 트럼프의 동맹에 대한 신뢰를 염려하면서 평화프로세스에 긍정적인 역할을 맡으리라 봅니다. 그러므로 지금은 방해자 역할을 하고 있지만 평화에 관한 어느 정도 비가역적 조치가 마련되면, 우리도 일본을 평화프로세스에 적극 포함시켜야 하고요. 비핵화-체제보장을 완결하는 시점에서 6자의 추인이 필요하고, 그때 일본은 북한의 개방과 개혁을 촉진하는 데 필요한 자금지원의 역할을 할 수 있으니까요.

한편, 러시아의 푸틴은 현재 시류를 그대로 반영하고 있는 전형적인 스트롱맨이죠. 하지만 지금까지는 적어도 비핵화 문제에서는 가장 바람직하게 행동하고 있어요. 북한 비핵화와 동북아 안정 유지라는 목적에 대체로 협력하고 있으며, 자신의 이익을 위해 이를 방해하고 있지는 않아요.

트럼프와 그의 전략가들의 생각이 다른 부분이 바로 대테러정책인데요. 트럼프가 대통령으로 뽑힌 이유 중 하나가 테러에 대한 대응을 오바마에 비해 훨씬 잘할 거라는 평가를 받은 데 있습니다. 그러니 테러에 대해 부담이 크기도 할 테고요. 애초에 트럼프는 러시아 푸틴과의 내통설(트럼프 미국 대통령의 측근들이 지난 대선을 유리하게 이끌기 위해 러시아 측과 물밑에서 연계해왔다는 주장) 때문에 푸틴에게 선뜻 다가서지 못했어요. 앞에서도 말했지만 미국의 전략가들은 러시아를 세계전략의 차원에서 현상 변경세력으로 보고 적극적으로 견제해야 한다고 생각하는 반면, 트럼프는 푸틴과 개인적으로도 성향이 맞고, 또한 골치 아픈 IS 문제를 러시아를 동원하여 해결한다면 미국이 거기서 손을 떼어도 좋다고 보고 있습니다. 시리아 정도는 러시아의 영향력 아래에 두어도 상관없다고 믿지요. 하지만 미국의 전략가들로서는 북아프리카와 중동을 러시아한테 넘겨주는 셈이니 이를 결코 받아들일 수 없는 거고요. 마찬가지의 맥락으로 트럼프는 동북아에서 미군의 부담을 줄일 수 있다고 보는 반면, 전략가들은 중국의 부상을 견제하기 위해 한국과 일본 양국과의 긴밀한 군사협력이 지속적으로 필요하다고 봅니다.

또 하나, 미국에 대응하기 위한 중국과 러시아의 공조와 협력도 주목해볼 문제입니다. 러시아 역시 자국의 극동 영토와 맞닿은 동아시아가 매우 중요한 의미가 있음을 알고 있어요. 신동방정책이라는 지역구상을 실천하고 이 지역을 개발하겠다는 의지도 있고요. 마찬가지로 북핵문제를 포함한 동북아 국제정치에서도 영향력을 회복하고 싶어해요. 러시아는 사실 과거 대한반도 전략에서 큰 실책을 저질렀다고 인식하고 있습니다. 냉전이 무너지고 탈냉전이 도래했던 지난 1990년대 초 러시아는 전통의 우방인 북한을 버리고 한국과 손을 잡습니다. 당시 체제붕괴로 경제적 어려움을 겪던 처지였고 한국이 30억달러를 지원하기도 했고요. 물론 한국은 러시아가 여전히 북한에 영향력을 행사할 수 있을 것이라는 기대를 갖고 제공한 것이기도 했지요. 그런데 러시아는 이후 한반도의 각종 사안에서 영향력을 상실해갑니다. 이런 기억 때문에 러시아는 최근 다시 등거리외교, 또는 투코리아 정책을 통해 남과 북 모두로부터 신뢰를 회복하려 하지요.

남북이 봉착한 문제 그리고 각자의 해법

북한의 김정은은 전략적 결단을 내린 것입니다. 많은 이들이 여전히 비핵화에 대한 김정은의 진의를 의심하고 있는데요. 북한은 지난 30여 년 동안 비공식적으로 비핵화 의지를 밝히거나, 차관보급의 회담에서 이를 합의한 적은 있었으나 남북정상회담과 북미정상회담 등의 최고위층의 합의로 비핵화를 명문화한 적은 없습니다. 또한 이렇게 공개적으로 인민들에게 비핵화를 이야기한 적이 없다는 건 의미심장합니다. 중국이 저렇게 빨리 움직이고 있다는 것도 김정은이 전략적 결단을 내렸다고 보기 때문일 거예요.

우선 선대의 지배와 통치 전략으로는 본인이 정권을 계속 유지하기 쉽지 않다는 것을 절감했을 거고요. 또한 핵에 올인하면 생존은 가능하겠지만 그렇다고 앞으로 수십년간의 권력 유지를 염두에 두면 오로지 핵만 붙들고 경제제재 아래에서 가난하게 살아야 하는 것을 각오하기 어려웠을 겁니다. 결국, 완성한 핵을 두고 협상을 통해 체제안전과 경제 발전을 담보할 수 있는 교환이 가능하다면 이를 해볼 만한 도박이라고 생각했을 거예요.

김정은은 아마도 공포와 자신감이라는 두가지 모순점에서 방향을 틀었을 것으로 보입니다. 공포는 바로 트럼프가 군사공격을 통해 북한을 진짜 때릴 수도 있다는 데서 옵니다. 2017년 미국과 말폭탄을 주고받을 당시에 미국의 전략자산 전개를 보고 전쟁가능성을 느꼈을 거고요. 두 번째로는 자신감입니다. 공포와는 상당히 모순적인 감정이지만, 이는 핵무력을 완성했기 때문에 생긴 거고요. 미국의 압박에 밀려 굴복하는 것이 아니라, 미국과 협상을 통해 거래하고 그 거래에서 만족할 만한 결과를 얻을 수만 있다면 핵을 포기할 수도 있겠다고 본 것입니다.

결국 김정은은 북한판 그랜드전략으로 경제발전을 택한 것입니다. 핵을 포기하는 것으로부터 상당한 댓가를 받아야겠죠. 그게 안 된다면 원상태로 돌아가려 하겠지만, 이미 호랑이 등에 올라탔으므로 과거로 되돌아갈 가능성은 많지 않습니다. 물론 미국이 평화프로세스를 걷어찰 경우 대북제재 시스템은 무너질 것이고, 그럴 경우에는 중국에 의존하여 지금보다는 나은 환경이 될 수 있을 것입니다. 그런데 중국에 대한 의존 또한 생각만큼 영구적이지 않지요.

북한 사람들이 품고 있는 중국에 대한 의구심과 불신이 엄청나거든요. 미국의 적대시정책으로 인하여 지금은 중국에 의존하고 있지만, 이런 상황은 속국이나 다름없다고 보고 있어요. 북한이 가장 잘 구사하는 것이 강대국 사이의 시계추 전략이에요. 과거 냉전체제에서 중소 사이에서도 그랬듯이 앞으로 미국과 중국 사이에서 시계추 전략으로 이익을 극대화하겠다는 의도를 갖고 있습니다. 북한이 지금 대중관계를 복구하고 있는 것은 대미전략이 실패할 경우에 대비한 보험용이기도 하지만 북한판 균형전략의 일환이기도 합니다.

한편, 우리 대한민국은 평화프로세스의 주도자이자 촉진자의 역할을 맡고 있습니다. 이는 엄청난 세계사적 의미를 지니고 있고, 우리의 생존과 번영을 위해 반드시 가야 할 길이지만 그 길이 그리 평탄하진 않습니다. 앞서도 언급한 것처럼 우리 앞에는 대외환경과의 부조화 문제가 놓여 있습니다. 우리는 평화프로세스로 가고 있는데 세계는 반대방향으로 가고 있어요. 세계는 지금 대결적 지정학이 부활하고, 극우 포퓰리즘과 안보장사꾼들이 판을 치고 있잖아요. 이를 뒤집어 해석해보면, 한반도의 지금 상황을 이번에 바꾸지 않으면 앞으로 한국이 가장 큰 희생양이 될 수밖에 없다는 뜻이기도 합니다. 역사의 부조화 상황에서 우리가 선두가 되어 평화프로세스를 만드는 것이 절실해진 거죠.

어려운 상황이지만, 긍정적인 면도 있습니다. 역설적 공헌이기는 하지만 2013년부터 2017년에 이르는 한반도의 전쟁위기가 없었다면 평화에 대한 한마음의 갈망이 가능했을까도 싶어요. 2012년에 문재인정부가 집권에 성공했다면 국내 여론과 미국이 어떻게 반응했을까요? 또 퍼주려고 한다면서 비난했을 것입니다. 실제로 문재인정부 출범 초기에 미국은 남한이 북한 비핵화를 위한 제재와 압박에 동조하지 않고 대화와 타협으로 갈지도 모른다는 의심을 품기도 했으니까요.

물론 문재인정부는 여전히 국내와 미국의 보수강경세력의 의심을 받고 있습니다. 다만 2012년에 비해서는 그 강도가 훨씬 약해요. 지난 4년간 한반도 전쟁위기를 겪으면서 사람들이 이제 위기에 질린 거죠. 국내 여론만 그런 게 아니고요. 지난 몇년간 중국을 비롯한 외국에 나갔을 때 가장 많이 질문 받은 게 한반도에 전쟁이 날 것인가 여부였거든요. 특히 중국은 주변의 방해 없이 강국몽을 향해 전진해야 하는데, 한반도에서 전쟁이 날 경우 이에 개입할 수도, 안 할 수도 없는 곤란한 상황에 놓이게 될 것이라는 점에서 좌불안석이었습니다.

2018년 지금은 한반도 주변 6개국이 이처럼 복잡하게 얽힌 안보 딜레마를 겪고 있는 것도 사실이에요. 하지만 과거 어떤 시기보다 북한 비핵화와 동북아 지역안정 유지에 대한 6개국 모두의 전략적 입장이 수렴되고 있는 때이기도 합니다. 그러니 우리가 주도하고 북한과 협력하여 한반도 긴장구조를 해소하고 평화로 나아간다면 주변국들은 이에 반대할 명분이 없어요. 미국이 중국을 견제하고, 중국이 강국몽을 꿈꾸는 과정에서 공격적 노선을 채택한다고 하더라도 한반도의 평화프로세스를 적극적으로 방해하기는 어렵다는 말이지요.

촛불이 우리에게 준 마지막 기회

2018년 4월 남북정상회담과 6월 북미정상회담을 거치면서 한반도 평화프로세스가 숨가쁘게 진행되었지만, 이후 고위급 실무회담의 과정에서 다시 교착국면을 맞았습니다. 매우 안타깝지만, 70여년간 고착된 비정상적 정전상태와 분단의 갈등을 감안하면 지금의 난항은 어쩌면 너무 당연한 과정이라고 볼 수 있지요. 고착화된 불신의 구조를 바꾸지 않고는 비핵화와 체제보장이 평화롭게 교환될 수 없게 된 셈인데요. 특히 북한이 핵무기를 완성한 이후에는 신뢰 없이 검증만으로 비핵화를 완성할 수 없는 거죠. 즉 핵무기를 완성하기 전에는 불신 속에서도 핵사찰을 통해 비핵화를 웬만큼 검증할 수 있었지만 완성 이후에는 이것이 불가능해진 것입니다.

정말 안타까운 것은 한반도에 지금 비핵화에 대한 강자의 논리가 유통되고 있다는 것입니다. 과거에는 북한에 의한 적화통일이라는 말을 참 많이 들었잖아요. 북한판 통일에 대한 공포가 워낙 컸지요. 그러다가 탈냉전 이후부터 흡수통일이라는 말이 훨씬 더 보편화되었죠. 북한이 이 말에 얼마나 공포를 느꼈을까요? 남한의 진보정부도 흡수통일이라는 말만 안 했을 뿐 개혁개방을 은근히 권했는데 이게 북한에는 또 어떻게 받아들여졌을까요? 강경한 보수정부는 대놓고 흡수통일이나 북한 붕괴론을 말했고 진보정부는 개혁개방이라고 에둘러 표현하긴 했지만, 북한에게는 이 말들이 모두 위협으로 비쳤을 겁니다.

문재인정부는 통일보다 평화를 전면에 내세웠습니다. 일부 진보통일 세력은 이를 두고 분단고착화라고 비판할 수도 있을 거예요. 하지만 이제 '통일담론'만으로는 중국, 미국, 일본, 러시아 아무도 설득할 수 없습니다. 주변국 모두의 이익이 수렴되는 부분이 바로 평화예요. 동아시아의 안보불안을 극복하는 가장 중요한 담론이 평화거든요. 이렇게 평화라는 담론을 전면에 내세운 역할과 공헌은 평가할 수 있지만 문재인정부가 이 기조를 끌고 갈 역량이나 이해도가 얼마나 갖춰졌는지는 알 수 없습니다. 일례로 비핵화를 이야기하면서 제재는 계속한다고 합니다. 이렇게 되면 앞뒤가 맞지 않지요. 이런 조건을 달아둔 비핵화는 북한에 위협으로만 비칩니다.

북한이 핵을 자발적으로 포기하도록 만들어야 합니다. 북한은 누군가의 압박에 의해 포기하는 것보다는 차라리 핵보유국으로 돌아가는 것을 택할 나라예요. 그들의 리더십 특성상 비핵화는 자발적인 모양새로 마치게끔 포장해줘야 합니다. 이 비핵화가 강자의 논리, 강제의 논리로 풀리게 되면 이 문제는 엉켜버립니다. 평화는 강자가 양보하지 않는 한 도래하지 않습니다. 우리는 이 점을 명심하고 비핵화의 장으로 나아가야 합니다.

동북아시아의 복잡하고 불안정한 상황에서 우리의 미래는 또다시 국내정치적으로는 기득권의 인질이, 그리고 국제정치적으로는 패권경쟁의 인질이 될 위험에 노출되어 있습니다. 조건과 양상이 매우 다르기 때문에 역사의 반복을 단정적으로 언급하는 것에는 동의하기 어렵지만, 구한말 강대국의 세력 재편에서 이미 크게 희생당했던 경험을 반복할 수 없다는 명제에는 이론의 여지가 없지요. 2018년 지금의 한반도 평화국면에서 미중 대결구도가 굳어져 우리에게 선택을 강요하는 상황이 오지 않도록 보다 능동적인 외교를 전개해야 할 시점입니다. 무엇보다도 남북관계를 복원하고 균형외교를 펼치는 것이 가장 필요한 대응전략이겠고요. 미중관계가 나쁠 때에는 그 갈등의 완충자로서, 좋을 때에는 협력의 촉진자로서 지혜를 발휘해야겠습니다.

마지막으로 이 말씀을 드리고 싶어요. 지난 촛불혁명은 우리 역사의 세가지 장애물의 극복을 미션으로 주었다고 생각해요. 첫째는 비민주의 극복인데, 87년 민주화로 인해 절차적 민주주의가 회복되었다면 이제부터는 실질적 민주주의로 도약해야 한다는 사명입니다. 두번째는 개발독재와 천박한 자본주의가 가져온 빈부격차를 포함한 수많은 적폐의 극복입니다. 그러려면 국가가 공공성을 확보해 약자와 가난한 이들을 시장의 희생으로부터 구해야 하는데, 지금 당장은 지엽적이고 즉자적으로만 대응하고 있어 안타깝고요. 마지막 세번째가 바로 분단의 극복입니다.

지금 문재인정부는 두번째, 세번째의 엄청난 미션을 마주하고 있습니다. 분단의 적폐는 앞서 말씀드린 역사적 부조화에 대한 극복이기도 하거든요. 경제, 국제정치, 남북관계는 서로 밀접히 연결되어 있습니다. 우리 민족에게 주어진 마지막 기회라고 생각하고 온 힘으로 이뤄내야 합니다. 시간이 별로 주어지지도 않은 상황에서 풀어내기 참 어려운 문제입니다. 하지만 촛불로 적폐를 몰아낸 것은 우리의 노력 덕분이면서도 거대한 국운이 도래했다는 의미이기도 합니다. 우리는 이를 기반으로 한반도 평화프로세스를 차분하게 진전시켜야겠습니다.

Q. 주변국들은 신냉전체제라고 불릴 만큼 군비경쟁이나 갈등구조에 놓인 상태에서 한반도에서 비핵화라는 것이 어떤 의미인가요. 그게 실현 가능한지도 궁금합니다.

북한 핵무기 개발의 시작은 곧 냉전의 끝과 닿아 있습니다. 1993년 프랑스 상업인공위성이 영변 핵시설을 발견하고 다음 해인 94년에 1차 북핵 위기가 시작되어, 그것이 전쟁 직전의 상황까지 갈 뻔했던 일을 기억하시지요? 당시 냉전종식 과정에서 체제의 위기를 겪은 북한의 공포를 제대로 다루지 못하면서 남북관계는 악화되었고, 냉전기 북중러-한미일의 대결구도가 해체되지 못하고 도리어 재부각된 것입니다. 이처럼 비핵화는 냉전체제의 해체와 한반도 평화프로세스에서 반드시 지나야 할 관문이 된 것이지요.

필립 젤리코(Philip Zelikow)는 조지 W. 부시 행정부 2기에 국무부에서 대북정책의 자문관으로 활약했던, 로스쿨 출신의 변호사이자 정치학 박사입니다. 그는 당시 대북강경책 일변도의 부시 대통령을 설득해 협상을 통한 비핵화의 진전을 이뤄냈어요. 종전선언에 대해 부시의 동의를 이끌어내기도 했고요. 그는 특히 북핵문제를 한반도의 분단, 더 나아가 동북아의 냉전의 산물이라고 보고, 이를 분리해서 접근하지 않고 입체적으로 풀고자 했습니다. 그가 최근에 『포린 어페어』(*Foreign*

Affairs) 기고문을 통해 북핵문제에 관한 멀티트랙 방안을 제안했어요. 핵문제에만 초점을 맞추는 제한된 협상에서 벗어나 관련국들이 비핵화, 평화체제, 군축 및 군비통제, 인권 및 인도주의, 동북아 안보협력이라는 6개 분야의 포괄적 의제를 함께 다루는 방식으로 논의를 전환해야 한다는 주장입니다. 즉 현재의 비핵화 논의가 전체 평화프로세스를 인질로 잡는 식이 아니라 큰 틀에서 다양한 접근을 병행해야 한다는 것인데, 이 방안 또한 주목할 만합니다.

오늘날 한국을 포함하여 안보 포퓰리즘이 대중들에게 먹히는 이유는 불안한 정세에서 강한 지도자의 단호하고 강경한 정책이 안보에 더 효율적이라고 느끼기 때문일 것입니다. 그러나 실상은 달라요. 강경한 대외정책은 생존을 확보하는 데에는 유효할지 모르지만, 삶의 질은 제대로 보장하지 못하는 경우가 많습니다. 저명한 평화학자 갈퉁(J. Galtung)의 말처럼 안보를 통한 평화보다, 평화를 통한 안보가 더 값싸고 효율적입니다.

가끔 보수적인 분들이 한국은 이스라엘처럼 되어야 한다고 해요. 핵도 보유하고 말입니다. 이스라엘이 주변 이슬람 국가들에 둘러싸여 있으면서도 당당하게 생존을 확보하는 것을 대단하다고 여길 수도 있지만, 우리의 자녀들이나 후대에게 물려주어야 할 이상적인 국가는 아닙니다. 이스라엘 사람들은 늘 불안한 상황에서 집을 떠나 멀리 놀러가지도 못하고 야외에서 커피 마실 때에도 자살폭탄테러를 걱정해야 해요. 물론 여성들까지 장기간 군대에도 가야 하고요. 사실 따지고 보면 북한이 지금 사는 방식과 이스라엘의 그것이 크게 다르지 않은 것이지요.

Q. 한반도를 둘러싼 나라들의 역할이 궁금해집니다. 한반도 평화체제에서 중국, 일본, 러시아뿐 아니라 EU의 역할 또한 강조해볼 필요가 있지 않을까 싶습니다.

북핵문제 25년간의 무수한 협상 가운데 그나마 성공했다고 평가할 수 있는 것은 딱 두차례입니다. 1994년 제네바협상과 2005년 9·19 공동성명이 그것입니다. 이들 협상은 절반의 성공을 이루었지만, 비핵화를 완성하지 못하고 좌초되어버렸습니다. 이 협상들과 현재 작동하고 있는 한반도 평화프로세스와의 차이점을 말씀드리면 그 답의 일부가 될 수 있을 것 같네요.

지금까지의 대화채널은 6자부터 시작합니다. 그러고 나서 4자, 2자 순으로 협의를 좁혀가는 경우가 많았습니다. 특히 2005년 9·19 공동성명이 그랬습니다. 또는 4+2, 즉 남북미중이 합의한 다음 그 틀 안에서 남북이 평화협정을 맺어야 한다는 주장도 있었고요. 그런데 현재는 방향이 그와 반대로 진행되고 있습니다. 남북의 2자부터 시작한 겁니다. 남북이 먼저 시작했고 그다음 북미가 바통을 이어받았습니다. 이제는 남북미 또는 남북미중의 3자 또는 4자로 갈 가능성이 높아요. 그리고 마지막으로 남북미중러일 6자가 만나는 구도로 갈 것 같은데 이 순서가 매우 바람직하다고 봅니다.

판문점선언에서 남북이 종전을 선언했고, 연내에 남북미 또는 남북미중이 종전을 선언하기로 합의했습니다. 물론 지금 미국 내부에서는 한반도 종전을 선언하려면 형식상 유엔사(유엔군사령부)가 개입하고, 주변국 특히 중국이 함께해야 하며 이에 더해 주한미군 철수 문제를 본격적으로 논의해야 한다고 토를 달고 있어요. 하지만 이렇게 과부하가 걸리면 점점 어려워질 뿐입니다. 한국정부가 주장하듯이 평화체제의 시작점이자 무겁지 않은 정치적 선언으로서의 종전선언이 필요한 시점입니다.

북한이 종전선언을 언급하는 건 그 자체도 중요하지만 실은 경제제재 때문입니다. 북한은 미국이 종전을 선언해주지 않는다면 이는 곧 비핵화 이전에 제재를 결코 풀어주지 않겠다는 뜻으로 간주할 것입니다. 그렇다고 곧바로 제재를 풀어달라고 말을 꺼내기에는 본인들이 오래전부터 '우리가 거지인 줄 아느냐. 경제지원이나 제재 해제를 바라는 게 아니다. 경제발전은 우리 힘으로 할 수 있다'라고 강조했던 이야기들이 발목을 잡고 있는 셈이고요.

트럼프의 정상회담 취소 이후 갑작스럽게 열렸던 남북정상회담 직후에 북한 측이 우리에게, 그리고 3차례 북중정상회담에서 중국 측에 계속 확인하고자 했던 것이 바로 '시 진핑! 문재인! 내가 핵을 포기하고도 살 수 있을까? 미국이 과연 체제를 보장해줄까?'입니다. 미국이 혹시 여전히 리비아식 선비핵화를 주장하는 거 아니냐는 우려와 불만인 거지요. 폼페이오의 3차 방북이 어떤 성과도 못 낸 이유 중 하나가 바로 미국이 아무것도 가져오지 않았기 때문이고요. 북한으로서는 핵과 미사일 실험 모라토리엄 선언, 풍계리·동창리 핵시설 폐기, 유해송환 등으로 양보했으니 당연히 이번에는 미국이 뭔가 보여줄 차례라고 봤고, 그것

은 최소한 종전선언이라고 생각했던 것입니다.

순서상으로는 종전선언이 나오면, 북한이 핵리스트 신고서 제출을 포함한 보다 획기적인 비핵화조치를 내놓고, 이에 화답하여 미국이 경제제재 완화 또는 해제라는 쪽으로 가는 것이 바람직하고 현실적이에요. 그런데 미국은 아무것도 들고 오지 않은 거죠. 그러다보니 이 종전선언이 갑자기 너무 무거운 부담이 되어버렸어요. 이때 막혀 있는 혈맥을 뚫을 수 있는 건 한국뿐입니다.

한국정부가 미국을 설득해야 해요. 일단 정치적 선언으로서의 종전선언을 미국이 받고, 북한이 과감한 비핵화조치를 거의 동시적으로 내놓는 맞교환이 정답이에요. 아니면 한국정부가 '우리가 중재만 할게. 이제 우리는 빠질 테니 북미 너희들끼리 해'라고 하면 중재가 훨씬 더 힘을 얻을 수 있을 거예요. 사실 남한이 빠지면 중국도 개입할 필요가 없어지잖아요. 정전협정의 일원이었던 중국은 평화협정을 맺을 때와 이를 제도화하는 사안에는 참여해야겠지만 종전선언에까지 꼭 참여할 필요는 없다고 봐요. 물론 참여할 수도 있지만, 이것 때문에 선언이 어려워지거나 시간이 걸려서는 안 됩니다.

본 질문으로 돌아가서 답하겠습니다. EU가 이 시점에서 주요 역할을 맡기는 힘들겠지만 결국 프로세스가 진행되면 이에 참여해야 한다고 생각합니다. 아까 말한 것처럼 2자, 3자, 4자까지 나오면 그다음에 일본과 러시아가 참여하는 평화프로세스가 이어지겠지요. 그뒤 비핵화와 체제보장을 추인하는 자리에 EU 또한 협상 테이블에 앉으면 훨씬 더 신뢰성을 인정받을 수 있습니다. 이는 북미 양국에도 모두 이익이 됩니다.

북한에 대한 여러 오해 중의 하나가 그들이 시간을 끈다는 거예요. 제가 최근에 접한 북한 고위 관리들의 이야기는 그렇지 않았습니다. 오히려 시간이 지체되는 데에 상당한 스트레스를 받는 것 같았어요. 그들 입장에선 한국이나 미국의 정권이 자꾸 바뀌니까 그게 더 힘들대요. 정권이 바뀌어 기존 합의를 바꾸면 어떻게 하느냐는 거죠. 지금은 북한이 더 급해요. 중국이나 미국은 느긋해지고, 남북이 조급해진 양상이에요.

비핵화라는 과감한 조치가 나오면 경제제재를 완화 또는 해제해줌과 동시에 북한이 역진하지 않도록 모니터링 시스템을 만드는 것이 중요합니다. 현재 미국 내 강경파들이 주장하듯이 완전히 비핵화를 완료할 때까지 제재를 해제하지 않는 안을 북한이 받으라고요? 그건 북한을 향해 항복하라는 것일 뿐입니다. 게다가 거기에 인권도 집어넣고 생화학

무기도 집어넣어버리면, 이는 리비아모델과 다름이 없고, 누군가의 표현처럼 "미국이 패전국 일본에 강요한 샌프란시스코 조약과 다를 바 없을" 뿐입니다. 북한 입장에는 받아들일 수 없는 거죠.

혹자는 북한이 경제제재가 해제되더라도 그들이 IMF나 WTO에 가입할 때까지 아무도 투자하지 않을 것이라고 말합니다. 과연 그럴까요? 과거의 굴뚝산업과 달리 아마존이나 테슬라 같은 기업들은 모험적 투자와 선점효과를 중요시합니다. 그들은 제재만 해결되면 곧장 북한으로 향할 가능성이 큽니다. 오히려 한국이 현재의 제재 프레임에 스스로를 가둬 몸을 사리고 있습니다. 이 부분에 대해서는 좀더 전향적으로, 그리고 과감하게 미국을 향해 할 말을 던지는 것도 필요합니다.

Q. 제재를 적어도 스냅백(약속한 합의사항을 이행하지 못하면, 합의 덕분에 발생한 혜택을 철회하며 대응하는 조치) 방식으로 단계적으로 해제해갈 수 있을 것 같습니다. 좀더 구체적으로 어떤 절차나 조건에서 제재를 해제해갈 수 있을지 말씀해주시면 감사하겠습니다.

제재에는 각국의 독자제재와 유엔제재가 있습니다. 유엔제재는 지금까지 10여차례 있었고요. 2017년 2397호가 유엔제재의 최신버전으로, 당시 유엔은 북한에 원유 공급을 차단했고 수출, 무역, 교역 자체를 90퍼센트까지 금지시켰습니다. 흥미로운 건 현재의 유엔제재 결의안 자체에는 해제할 수 있다는 규정은 있어도 해제하는 방법까지는 담겨 있지 않다는 거예요. 다시 말해 별개의 제재 해제 결의안을 통과시켜야 합니다.

그런데 사실 미국만 수긍하면 이에 반대할 국가들이 없고, 국내법이 아니므로 미국 의회를 통과할 필요도 없습니다. 북한의 약속위반이 우려되면 북한이 이 조항을 위반했을 땐 이전의 상태로 돌아간다는 스냅백 조항을 붙여 통과시키면 됩니다. 결국 트럼프의 결심이 필요한 거죠. 2397호에 이렇게 쓰여 있습니다. "유엔안보리는 북한의 준수에 따라 이 조치들을 강화, 변경, 유예, 해제할 준비가 되어 있다." 굉장히 유연한 조항이지요. 우리는 해제냐 유지냐만 생각하는데, 거기에 더해 변경, 유예, 강화를 포함했으니까요. 북한의 진전 속도에 따라 일시적으로 유예 혹은 완화할 수 있습니다. 문제는 미국 독자제재입니다. 독자제재를 풀기 위해서는 의회의 승인이 필요하고요. 최근에는 미 하원에서 미 대통령이 대북제재를 임의로 해제하지 못하도록 막는 법안이 발의되었습니다. 이만큼 미 의회가 대단히 강경한 상태입니다.

트럼프는 두가지 방안을 생각해볼 수 있습니다. 우선 중간선거까지 이 사안을 정치적으로 이용하기 위해 단계별로 하나씩 천천히 해결하는 방법이 있고요. 두번째는 트럼프가 종전선언 부분을 양보하면서 북한으로부터 핵리스트 신고는 물론이고 일부의 핵 폐기와 핵물질의 반출까지를 끌어내는 방안입니다. 북한이 이 정도를 준수했으니 먼저 유엔제재를 해제하고 본인의 행정명령을 해제한 뒤에 이를 토대로 미 의회에 가서 설득해야 합니다. 그 와중에 적절한 타이밍을 골라 북한에서 지속적인 조치를 선보이면 경제제재가 해제될 수 있으리라 봅니다.

지금의 문제는 이런 사항 전반에 걸쳐 트럼프의 운신의 폭이 좁다는 점이고요. 결국 한국정부가 개입하여 이 문제의 물꼬를 터줘야 합니다.

Q. 북한이 개혁개방에 나설 경우에 그것이 나중에는 남한의 경제를 위협할 수도 있지 않을까라는 생각도 있습니다. EU, 중국, 일본이 북한에 들어가고자 할 텐데요. 이때 남한이 강대국 간의 경쟁구도 속에서 어떤 원칙과 방향을 견지할 것인지 궁금합니다.

북한경제 전공자는 아니지만 북한경제에 대해 간단히 말씀드리겠습니다. 북한이 지난 6~7년간 자본주의를 착실히 준비하는 면모를 보여왔다는 연구결과가 많습니다. 휴대폰 개통자 수가 500만을 뛰어넘은 지 오래고, 금융도 전산화되어 있으며, 심지어 주유소도 카드시스템을 완비했다고 합니다. 특히 주목할 것은 수백개에 달하는 장마당입니다. 장마당은 북한 정권의 법망을 피해 존재하는 암시장이 아니라 반대로 정권의 암묵적 지원을 통해 성장하고 있는 자본가들의 터전이며 대형 시장이라는 것입니다.

경제제재로 말미암아 북한경제가 매우 어려워졌다고 말하지만, 1990년대 초반 북한 주민 200만명이 아사했던 때와 비교하면 지금 경제상황이 훨씬 낫습니다. 물론 제재가 발동하면서 그 이전인 2016년엔 3.9퍼센트 성장했는데, 2017년엔 −3.5퍼센트 성장으로 격차가 났다고 해요. 그러나 벼랑 끝에 서 있는 수준은 아니에요. 어쨌거나 북한은 지금 자본주의화로 선회했습니다. 이에 더해 미국이 제재를 풀고 투자가 들어오면 북한은 언제든지 경제개발에 나설 수 있다는 자신감에 차 있어요.

그렇다면 우리가 거기에 숟가락을 얹을 수 있느냐. 그러려면 당연히 지금 잘해야 합니다. 단순히 같은 민족이라는 이유로 북한이 우리에게 우선권을 주지는 않을 겁니다. 옛날 개성상인들이 얼마나 셈에 밝았는지 아시지요? 북한은 오히려 철저하게 시장논리로 우리를 대할 수도 있어요. 그러니 지금 같은 초기에 남한은 정부의 적극적 지원을 토대로 과감하게 북한에 접근해야 합니다.

5

외교 현장의
경험으로
남북미 협상을
전망한다

송민순 宋旻淳

서울대학교에서 독어독문학을 공부했다. 1975년 외교부에 들어가 33년간 주로 국가안
보와 통일외교 업무를 맡았다. 북한 핵문제 해결을 위한 베이징 6자회담의 수석대표로서
2005년 9·19 공동성명을 도출하는 데 역할을 했고, 1999년 제네바 4자 평화회담 대표
로 참가했다. 주한미군지위협정(SOFA) 개정, 방위비 분담협정 체결, 한미 미사일 합의 개
정협상의 수석대표를 맡았다. 1979년 서베를린 부영사로 시작해 인도, 미국, 싱가포르 대
사관을 거쳐 폴란드 주재 대사 등을 지냈다. 김영삼 대통령의 국제안보비서관, 김대중 대
통령의 외교비서관, 노무현 대통령의 통일외교안보 정책실장을 거쳐 제34대 외교통상부
장관, 제18대 국회의원(비례대표), 북한대학원대학교 총장 등을 역임했다. 지은 책으로
『빙하는 움직인다』 등이 있다.

한반도 평화, 그 위대한 발견을 향한 길

13년 전 바로 오늘, 2005년 7월 28일 베이징의 댜오위타이(釣魚臺)에서 북핵문제 해결을 위한 6자회담이 열리고 있었습니다. 각국 수석대표와 차석대표가 모인 자리에서 제가 이렇게 말했어요. "한반도 비핵화를 위한 많은 재료들은 이미 테이블 위에 올라와 있다. 쉽게 말해 볼트와 너트는 모두 갖춰져 있다. 이걸 어떻게 꿰어 맞추느냐가 문제다. 한번에 모든 것을 꿰어 맞출 수는 없으니 하나씩 작은 것부터 꿰어 맞추자." 이어서 마르셀 프루스트의 『잃어버린 시간을 찾아서』에 나오는 한 구절을 인용했습니다. "위대한 발견의 길은 새로운 땅을 찾는 데 있는 것이 아니라, 있는 땅을 새로운 눈으로 보는 데 있다."

2018년 1월부터 현재까지 한반도 그리고 동아시아 전체를 뒤흔드는 평화의 움직임에 대해 지금 많은 이들의 입에 오르내리고 있는 방안들은 사실 이미 이야기된 것들입니다. 새로운 건 없습니다. 중요한 건 "이미 테이블에 올라와 있는" 그 조건들을 서로 어떻게 조립해내느냐입니다.

그간의 현장 경험에 비춰보면 이걸 꿸 수 있는 나라는 대한민국밖에 없습니다. 미국과 중국은 자신들의 전략적 이해가 걸린 거대한 바퀴를 오밀조밀한 방식으로 짜맞출 수 없거든요. 북한은 스스로가 문제 해결의 대상이니 그 자신이 꿸 수 없지요. 그러면 일본이 맞춰줍니까, 유엔이 맞춰줍니까. 그렇게 할 수가 없어요. 한국이 그걸 꿰어야 합니다.

저는 회고록 『빙하는 움직인다』에서 '한반도의 운전대'라는 표현을 썼습니다. 요새 이 표현이 자주 회자되고 있어 그 개념을 고안해낸 저로서는 마음이 좋습니다만, 정작 그 운전이 마냥 쉽지만은 않은 듯합니다. 그 구동원리와 방법을 잘 알아야 운전이 능숙해질 텐데요.

한가지 미리 말씀드리고자 하는 것은 외교 현장에서 경험을 쌓다보면 그렇지 않은 이들보다는 좀더 신중하게 상황을 보게 된다는 것입니다. 단순한 관찰자가 아니라 실행자로서의 자세가 몸에 배어 있기 때문입니다. 그래서 저의 생각이, 좋게 말하면 신중하게 보일 수 있으나, 달리 보면 왜 그리 적극적이고 낙관적이지 못하느냐라는 비판을 받을 수 있습니다.

지금 우리는 70여년간 풀리지 않았던 한반도 문제를 드디어 해결할 수도 있겠구나 하는 기대와 열정으로 가득 차 있습니다. 하지만 어떤 문제가 풀리기를 열렬히 바랄수록 눈앞의 상황을 그만큼 냉정하게 분석해야 합니다. 한마디로 '의문의 다리를 건너야 믿음의 성에 들어갈 수 있다'는 점을 늘 명심해야 합니다. 이와 같은 현장의 관점을 토대로 지금의 형국을 짚어보고 앞으로 나아갈 길을 내다보고자 합니다.

거대한 빙하: 상호불신, 국내정치, 그리고 지정학

한반도 비핵화는 오래전부터 한반도는 물론 동북아의 수많은 문제 해결을 위한 필요조건으로 전제되어왔습니다. 그간 이 비핵화를 위한 다양한 시도가 있었으나 매번 좌절되었죠. 여전히 우리 발목을 붙들고 있기도 하고요. 그 좌절의 이유는 크게 세가지로 압축할 수 있습니다.

첫째, 상호불신입니다. 남한과 북한 그리고 북한과 주변국 간의 믿음이 없기 때문입니다. 믿음은 말이 아니라 행동의 결과이지요. 수많은 행동이 축적되어야 비로소 믿음이 생기거든요. 그런데 2018년 1월 평창 동계올림픽의 만남에서부터 4월 판문점 남북정상회담, 6월 싱가포르 북미정상회담이 가히 초현실적인 상황으로 전개되면서 상호불신의 벽이 허물어지는 듯했습니다.

문학평론가인 이광호 씨는 4월 27일 판문점 도보다리에서 문재인 대통령과 김정은 위원장이 걷는 모습을 보고는 "어른거리는 연두빛을 배경으로 파란 다리 위에서 대화를 나누던 저 묵음의 장면은, 예측하지 못한 방식으로 한 시대가 끝나가고 있음을 보여주었다"라고 묘사했습니다. 남북의 지도자가 다리 위에 느긋하게 앉아 다정한 친구처럼 이야기하는 모습은 그 낯선 모습 때문인지 어떤 정서를 일깨워줍니다. 매우 서정적이지요. 다리라는 배경에서부터 그들의 모습, 움직임 하나하나가 우리 마음을 움직여주었어요. 그렇다고 그런 서정만으로는 현실을 바꿀 수 없습니다. 이성과 합리가 뒷받침되어야 하지요.

판문점의 그 모습에도 불구하고 남과 북은 여전히 대치상태에 놓여 있습니다. 또한 미국은 북한에 적대정책을 유지하고 있고요. 그러니 북한은 미국에 대한 불신을 거둬들이지 못하고 있지요. 미국 입장에서는 북한이 2차대전 후 세계질서를 유지하는 핵확산금지조약(NPT)체제, 즉 핵을 가진 유엔안보리 상임이사국 5개국 외에는 핵을 보유할 수 없다는 규범에 도전하고 있는 거고요. 이런 상호불신의 벽이 엄연히 존재하고 있는 것이 현실입니다.

그다음 국내정치 또한 하나의 장벽을 세우고 있습니다. 북한은 핵을 통해 자기 정권의 정당성의 기초를 다지고 있다고 봐도 과언이 아닙니다. 핵협상의 상대국인 한국과 미국은 어떤가요. 정권이 바뀔 때마다 북핵 해결을 비롯한 대북정책이 바뀝니다. 한반도 분단 이후에 미국 대통령이 12명, 한국도 12명이 집권했습니다. 그 나라의 수장이 바뀔 때마다 정책이 바뀌었단 말이에요. 그런데 이에 비해 북한은 3명입니다.

더욱이 북한은 지도자가 바뀌어도 정책이 일관됩니다. 물론 우리가 받아들이기 어려운 일관성이긴 합니다만, 그러니 정치시계로 볼 때 미국과 한국의 지속성과 북한의 그것은 엄청난 차이가 난다고 볼 수 있어요. 한미 양국이 그동안 북한이 원하는 지속성에 맞춰주지 못했던 것입니다. 이처럼 북한이 자국의 정치시계를 길게 보고 있다는 것을 염두에 둬야 합니다. 이게 남한이나 주변국과 관계를 맺을 때에 큰 영향을 미치

문재인 대통령과 김정은 위원장이 2018년 4월 27일 오후 판문점 도보다리를 산책하고 있다.

고 있거든요.

지정학적 구조 또한 문제입니다. 북한의 배후에 중국이 버티고 있지 않았다면 과연 저렇게 뻣뻣하고 배짱 좋게 핵무기를 만들어서 맞장 뜨자고 할 수 있을까요. 이 지정학적 문제는 바뀔 기미가 없습니다. 독일 통일을 이야기할 때 소련이라는 요소가 중요하잖아요. 1989년 소련이 붕괴되고 냉전체제가 해체되지 않았다면 독일이 통일될 수 있었을까요. 그런데 북한의 뒤에 있는 중국은 오히려 점점 더 강해지고 있습니다. 이것이 바로 우리 앞의 객관적이고도 냉정한 현실입니다. 동북아의 지정학, 즉 미국과 중국의 패권구도는 우리가 움직이기 어려운 거대한 구조적 문제입니다.

상호불신, 국내정치, 그리고 지정학. 저는 이 세가지를 거대한 빙하라고 묘사했습니다. 좌절의 바탕을 이루는 이 같은 요소들을 염두에 두고 현재의 상황을 진단하고 미래를 전망해야 합니다.

김정은과 트럼프, 그들이 품고 있는 생각

북한은 사실상의 핵보유국입니다. 2017년 연말에 핵보유를 선언했고, 2018년 4월 조선로동당 전원회의에서 다시 한번 핵보유국임을 천명했습니다. 실제로도 서방 정보당국들은 그 위력이 얼마나 되는지는 파악이 어렵더라도, 기술적으로는 북한이 핵을 보유하고 있다고 봅니다.

북한은 핵무력뿐 아니라 경제, 이 두가지를 병진하려 하는데 이제 핵을 완성했으니 바야흐로 경제에 치중하겠다고 공표하고 있습니다. 이걸 보고는 마치 핵을 버리고 경제에 치중하려나보다 해석하면 문제의 핵심을 놓치게 됩니다. 정확하게는 핵을 버리느냐 마느냐를 미국이 어떻게 나오는지를 보고 결정하겠다는 것입니다. '완전한 한반도의 비핵화(한미동맹의 핵우산 제거를 포함)'와 '체제안전 보장'이 현실화되는 걸 보고 판단하겠다는 것이 북한이 공식적으로 천명해온 입장입니다. 이 두가지 조건은 해석의 여지가 매우 광범위하고 애매합니다. 북한으로서는 우선 마침 한국에 새 정부가 들어서면서 유연한 대북정책을 취하고 있고, 트럼프도 자기의 업적과 국내정치적 활용을 위해 적극적으로 나오고 있는 상황을 잘 활용하고 있다고 봐야 해요.

이런 맥락에서 볼 때 앞으로 북한은 자신들이 가진 카드를 하나하나

쪼개어 경제제재를 해제시키고, 미국과 관계를 정상화하면서 양국 간 외교관계를 수립하는 데 온 힘을 기울일 것입니다. 문제는 아까 말씀드린 정치시계의 속도 차이가 나다보니 여전히 미국과 북한 사이가 계속 삐그덕거릴 수밖에 없다는 점입니다. 김정은은 앞으로도 몇십년을 더 통치할 수 있겠지만, 트럼프는 1차 임기가 2년밖에 안 남았거든요.

그러니 북한은 향후 트럼프 임기 동안은 미국을 직접 위협하고 자극하는 행동을 가급적 삼가면서 트럼프가 국내정치에서 필요로 할 법한 조치들을 카드로 제시하면서 지속적으로 타협을 시도할 것입니다. 유엔군 유해 송환 같은 것도 제시되겠고요. 장거리 미사일을 쏘지 않겠다고 공표하면서 그 하나의 조치로 미사일 실험장을 폐쇄하는 등의 방식으로 트럼프의 국내정치적 필요에 맞추려 할 것입니다.

한편 미국은 처음에는 굉장히 자신감을 갖고 북핵문제에 달려들었습니다. 그런데 이후에 진행하다보니 '아, 이게 아닌가 보다' 하면서 점점 관리모드로 들어가고 있습니다. 앞서 제가 한반도 내부의 불신과 주변국가 간의 상호불신, 국내정치, 지정학 등을 '거대한 빙하'라고 묘사했지요. 김정은 위원장도 4월 판문점에서 그 비슷한 표현을 썼더라고요. 지금 개시하는 한반도 평화를 위한 발걸음을 "빙산의 한 조각에 불과하다"라고 이야기했어요. 그런데 그 빙산도 알고 보면 거대한 빙하에서 떨어져 나온 얼음 조각에 불과한 겁니다.

그렇다면 트럼프는 이 현상을 어떻게 볼까요. 아마도 트럼프는 이 문제를 큰 빙벽에 붙은 하나의 고드름쯤으로 생각했던 게 아닐까 싶어요. 그 고드름의 위치를 위성항법장치(GPS)로 포착하여 드론으로 공격하

트럼프 미국 대통령과 북한 김정은 위원장이 2018년 6월 12일 북미정상회담을 위해 싱가포르 센토사 섬에서 만나 악수를 나누고 있다.

면 바로 깨뜨릴 수 있겠다고 보았던 거죠. 그런데 가만 보니 이게 아니거든요. 그러니 이제는 관리모드로 전환한 거고요. 앞으로는 트럼프도 북한이 실제 미국을 위협할 수 있는 장거리 미사일을 쏜다든지 새로운 핵실험을 벌이는 식으로 본인의 정치적 입지를 어렵게 하지 않는 한 북한과 대화를 유지하면서 선거를 앞둔 국내정치의 향방을 예의주시할 듯합니다.

중요한 건 2년 뒤 치러질 미국 대통령선거입니다. 트럼프는 대선에 들어가기 전에 핵과 관련한 국제정치의 오븐에 불을 켜고는 거기에 두 개의 냄비를 올려놓을 공산이 큽니다. 그중 하나는 북한이고, 다른 하나는 이란이지요. 북한 핵을 우리는 크게 보지만 미국 정치에서나 전세계

차원에서 보면 이란의 핵문제가 더 크게 부각됩니다. 트럼프는 2년 뒤 대선 전까지 이 두 나라를 어떻게 '요리'할 것인지를 곰곰 궁리할 것입니다. 만약 북한 핵을 이번 11월 중간선거가 아니라 그다음 대선가도의 오븐에 올린다면 사정에 따라서는 한반도에 중대 위기가 닥칠 수도 있는 거고요.

우리는 어떤 경로이든 간에 평화의 길로 가야 하잖아요. 그런데 이전 정부들은 9년간 한반도 문제를 거의 내팽개친 상태입니다. 한반도 안보의 온도는 사실상 빙점 이하로 떨어졌고요. 새 정부가 이를 영하에서 영상의 상태로 올려놓았습니다. 다만 영상의 상태로 올렸다고는 하는데 이게 굉장히 불안한 상태예요. 겨우 빙점을 넘어섰다고 해서 마치 봄이 온 것이라는 착시현상을 불러오는 듯하여 우려되기도 합니다. 결론적으로 우리는 핵보유를 선언한 북한과 상당히 오랫동안 같이 살아야 하는 어처구니없는 현실이 전개될 수 있습니다. 이걸 어떻게 극복할 것인가가 앞으로 최대 화두가 될 것입니다.

우리 정부는 남북대화, 북미대화, 한반도 비핵화, 평화체제 같은 거대한 바퀴들을 선순환시키면서 하나씩 이뤄나가겠다는 의지를 강하게 품고 있습니다. 다만 이 문제는 시간이 갈수록 남북, 한미가 아니라 북미 구도로 전개될 겁니다. 미국과 북한 사이에서 자칫 우리가 객(客)의 위치로 떨어져버릴 수 있다는 가능성을 경계해야 합니다. 핵을 가진 북한과 공존하게 되면, 평화를 댓가로 한 북한의 요구는 물론 미국 또한 북핵 위협하에 놓인 한국의 취약함을 기회로 방위비 분담이든지 통상협상 등에서 이전보다 더 많은 것들을 요구할 것입니다. 우리는 어쩌면 거의 무방비상태로 이에 순순히 응해야 할지도 모르고요.

한반도 평화를 위해 알아야 할 7가지의 기본 개념

비핵화: 북한 핵 폐기와 한반도 비핵화

여기서 기본적인 개념들을 한번 짚고 넘어갔으면 합니다. 우리 앞에 떠돌고 있는 이 많은 용어를 각기 다른 뜻으로 오해하는 이들도 있을 듯하니까요. 첫째, 비핵화란 무엇입니까. 다들 이를 '북한 핵 폐기'라고 해석합니다. 제가 2005년 9·19 공동성명 작업을 마치고 한국에 돌아오니 선배 한분께서 "송대표, 한반도 비핵화가 뭐야. 북한 핵 폐기라고 해야지"라고 말씀하셨는데요. 틀린 말은 아니죠. 우리가 핵을 가진 게 아니라, 북한이 핵을 개발했으니까요. 그런데 북한은 그렇게 보지 않습니다. 중국도 그렇게 보지 않고요.

2005년 8월 베이징에서 6자회담 당시 북한의 김계관 대표와 나눈 대화의 한 부분입니다. 그는 "결국 한반도 비핵화시대를 열어야 한다. 여기 한반도에는 핵이 전혀 접근하지 않도록 해야 한다. 그렇지 않고는 안 된다"고 했어요. 이에 대해 제가 "당신들이 가진 핵을 먼저 폐기해야 한다"라고 말하면 북한이 뭐라고 하는 줄 압니까. "아니, 남측은 미국이 핵우산을 다 덮어주잖아요. 아무도 우리한테는 핵우산을 안 씌워주거든요. 그래서 우리 스스로 핵우산을 펼친 겁니다. 우리가 핵을 만들지 않는다고 하면 남쪽도 미국 핵우산을 걷어내세요. 그럼 같이 편안하게 살 수 있습니다."

이것이 북한과 중국이 말하는 비핵화입니다. 싱가포르에서 트럼프와 김정은이 만나 '완전한 한반도 비핵화'를 이야기했잖아요. 그건 북한이 마지못해 말한 게 아니라 진정 환영해서 말한 것일 수 있습니다. 완전한 비핵화라는 것은 남쪽도 핵우산에서 벗어나고 자기들도 핵보유를 포기한다는 것을 뜻하거든요. 그러나 이는 곧 거대한 변화를 가리키는 것이지요. 왜냐하면 2만 8000여명의 미군을 한국에 두면서, 미국이 유사시에 핵무기로 그들을 보호할 수 없는 상태에 놔두진 않을 거란 말이지요. 그러니 비핵화는 주한미군 문제와 직결됩니다. 우리 정부도 비핵화가 주한미군 문제와 떼려야 뗄 수 없다는 문제의 본질을 인정해야 하고요. 그래야 눈앞의 문제를 직시하면서 한반도의 운전대를 잡을 수 있습니다. 개념 정립이 안 된 상태에서 운전대를 잡는 건 위험합니다.

검증: 북한과 미국의 생각이 엇갈리는 지점

비핵화에 관해서는 '검증'이라는 용어의 개념 또한 정확히 알아야 해요. 과거에는 CVID라고 하여 '완전하고 검증 가능하고 불가역적인 핵 폐기'라고 불렀지요. 근래에는 FFVD(Final, Fully Verified Denuclearization)라는 표현을 쓰더라고요. 어느 경우이건 핵심은 바로 검증(verification)입니다.

북핵에 대한 검증의 기본은 강제사찰(intrusive verification)입니다. 즉 언제 어디서나 찾아가서 들여다볼 수 있는 장치를 만들자는 것입니다. 그러려면 북한 자체를 투명하게 만들어야겠고요. 그런데 북한이 투명해지는 것은 곧 북한정권을 유지하기 어려워진다는 뜻이기도 합니다. 쉽진 않겠지만 미국이 북한과 합의해야 할 중요한 요소가 바로 검증일 것입니다.

2006년 10월 북한이 핵실험을 치른 바로 다음 해인 2007년 초에 2·13 합의가 있었습니다. 그에 따라 비핵화프로세스가 진행되어 북한은 영변에 있는 냉각탑을 폭파했고요. 결국에 수포로 돌아가긴 했지만 그 당시에도 검증 문제가 논의되었습니다. 하지만 그 문제가 잘 풀리지 않아 굉장히 안타까웠지요. 2008년에는 북한이 초기 불능화의 11개 주요 부분 중 8개를 불능화했어요. 불능화라는 것은 자동차를 예로 들면 타이어 떼고 핸들 떼고 엔진을 분해하는 정도입니다. 언제든 재조립할 수 있는 걸 가리키죠. 폐기는 그걸 모두 갈아서 없애는 것을 뜻하고요.

북한은 불능화를 실행한 부분에 한해 검증할 수 있다고 했습니다. 미국을 향해 '여기 와서 봐라. 여긴 봐도 된다'라고 한 거죠. 그런데 미국이 요구한 건 불능화, 즉 분해한 부분만 검증할 것이 아니라 앞으로 북한이 핵 전체를 폐기할 경우 어떻게 폐기할 것인지, 또한 폐기 이후에는 어떻게 검증받을 것인지에 대해 문서로 합의하자고 한 것입니다. 이 문서를 검증의정서라고 합니다.

당시 북한은 그런 검증의정서는 미국의 북한에 대한 제재 해제, 관계 정상화, 경제협력 계획 등과 교환하는 것이지 자신들만 일방적으로 내놓는 것이 아니라면서 거부했습니다. 그러자 미국의 네오콘은 난리가 났죠. 이 미국 강경파들과 일본의 당시 총리 아소오 다로오(麻生太郞)와 한국의 이명박 대통령이 모두 이구동성으로 북한을 밀어붙였어요.

답답한 마음에 제가 당시에 블로그에 썼어요. 북한에 대해 검증의정서를 먼저 내라고 선불을 요구할 게 아니라 우선 불능화한 부분만 검증하고 그다음 북한의 핵 폐기 검증합의서와 미국의 경제제재 해제와 관계정상화 계획에 관한 문서를 교환하고 중국이 그 보증을 서면 되지 않겠느냐고요. 물론 이 협상에는 한국이 나서야 한다고 했고요. 그런데 당시 이명박정부가 기존의 노무현식 6자회담의 합의 결과를 탐탁잖아했어요. 기존 6자회담 결과를 적극 추진할 생각이 없었으니 결국엔 미국의 강경파들에 의해 그 협상이 수포로 돌아갔지요. 안타까운 일이었습니다.

안전보장: '사회주의식 안전보장'의 의미

안전보장은 무엇을 의미하나요. 북한이 흔히 체제의 안전을 보장하라고 이야기하는데요. 냉전 시절 미국과 소련 협상에서 가장 많이 논쟁이 된 단어가 이 안전보장이기도 합니다. 미국 사람들이 말하는 내셔널 시큐리티(National Security)와 러시아 사람들이 말하는 베조빠스노스뜨(Bezopasnost)가 번역상으로는 같은 뜻을 갖고 있음에도 실제로 쓰이는 범위가 너무나도 차이가 났던 거죠. 서방에서 안전보장은 흔히 국토를 보존하고 국민의 생명과 재산을 보호하는 것을 말하지요. 그런데 사회주의 국가들에서는 이것이 서방에서의 안전보장 개념에 더하여 체제 및 정권의 안위를 비롯하여 자기 나라에 어떤 위협도 없는 상태를 가리킵니다. 이를 total safety라고 표현하죠. 북한 또한 구소련의 그 개념을 고스란히 이어받았어요. 워낙 해석의 범위가 넓다보니 북한 당국자에게 당신들이 말하는 안전보장이 뭐냐고 물으면 정확히 답하지 못합니다. 단번에 정의를 못 내리는데, 바로 그 범위가 어디까지냐를 스스로도 헷갈려하기 때문입니다. 그러니 앞으로의 협상에서는 체제안전, 안전보장에 대해 서로의 정의를 분명히 해야 진전의 기미가 보일 것입니다.

안전보장 논의에서 특히 눈에 띄는 것은 인권문제예요. 인권에 대해 지적하면 자국의 인권을 거론하는 것은 체제안전을 해친다고 합니다. 남의 나라 내부 문제를 왜 들먹이느냐는 거죠. 구소련도 북한도 근래의 중국도 모두 다같이 그렇게 반문해왔습니다. 제 생각에는 북한 인권개선 요구에 대한 우리의 기본 입장은 유지하면서 국제사회와 협력하여 풀어가는 것이 나아 보여요. 여기서는 우리가 앞장서서 공세적으로 인권개선을 조건으로 내세울 경우의 부작용을 고려하면서, 동시에 국제사회와 보조를 맞추는 것이 중요합니다. 그래야 국제사회의 대북협력(관계개선이나 경제지원 등)을 유도하는 데 있어 우리의 입지도 좋아집니다. 북한이 불편해한다손 치더라도 어떤 경우에도 우리의 원칙 자체가 오락가락해서는 안 될 것입니다.

평화체제: 평화협정의 주체

평화체제라는 개념은 또 어떤가요. 아쉽게도 평화체제에 대한 구체적인 상(像)이 없는 것이 현실입니다. 마치 집을 지을 때 설계도를 짜는 것처럼 우리가 평화체제를 바란다면 그 체제에 대한 정확한 상이 있어야 하는데 아직까지 그게 명확하지 않다는 거죠. 한반도의 운전자 역할을 하려면 미래에 대한 비전과 그에 도달할 내비게이션을 갖춰야 할 것입니다.

평화체제라는 말 자체는 추상적 개념입니다. 그러므로 전쟁은 끝났다, 전쟁 당사자 사이의 영토 경계는 어디로 정한다 같은 내용을 구체적으로 적시하고 앞으로 이 합의를 어떻게 이행한다는 내용을 문서에 담아야 합니다. 이것이 곧 평화협정이 되겠지요. 여기에 도달하려면 남북관계 정상화, 북미관계 정상화, 비핵화가 동시에 이루어져야 할 것입니다. 평화를 관리하는 당사자는 지금의 유엔군이 아니라 실제 중립적 형태의 평화유지기구가 되어야겠고요. 또한 그 협정은 남과 북, 미국과 중국이 참여하는 형태가 되어야 할 것입니다.

여기서 한가지 짚고 넘어갔으면 하는 것은, 90년대에 북한이 주장했던 북미평화협정은 타당치 않은 방향이라는 점입니다. 아마 북미평화협정이 아니라 북미관계 정상화, 북미 외교관계 수립을 염두에 두고 그렇게 말하는 것이라고 봅니다. 북미평화협정을 말하면 곧 6·25를 북미전쟁이라고 부르는 것과 마찬가지입니다. 1999년 제네바에서 한반도 평화협상을 6차에 걸쳐 개최했습니다. 그때 북한이 요구한 것이 북미평화협정 체결과 주한미군 철수였습니다. 제가 당시 남한 측 대표였으니까 이렇게 이야기했습니다. "잠깐, 그 두가지 중에서 하나만 택하세요. 그중에서 더 원하는 것이 무엇입니까. 북미평화협정입니까, 주한미군 철수입니까. 두가지 다 하자는데 그건 말이 안 됩니다."

평화협정은 전쟁의 당사자 간에 맺는 것이고, 또 평화를 유지할 실질적 주체 사이에 맺는 것입니다. 북한이 미국과 평화협정을 맺자고 하면서 그 평화를 지킬 군대를 철수하라는 건 모순이지요. 이게 논쟁이 되어 중간에 회담이 중단되었어요.

참고로 한국과 중국이 1992년 외교관계를 수립할 당시의 수교의정서에는 불가침협정이나 평화협정에 해당하는 조항들이 포함되어 있습니다. 주권과 영토보전의 상호 존중, 상호 불가침, 내정불간섭, 평화공존, 유엔헌장 존중 등입니다. 북미 간에도 이런 형태의 수교의정서로 평화협정과 다를 바 없는 결과를 이끌어낼 수 있으리라 봅니다.

종전선언: 단순한 선언이 아닌 구체적 계획과 함께

종전선언도 그 개념을 짚고 가야겠죠. 종전선언이라면 그것이 '전쟁을 끝내겠다'라는 의미인지 '전쟁이 끝났다'라는 뜻인지를 분명히 해야 합니다. 앞에서 말했지만 보통 전쟁이 끝났다고 말할 때에는 평화체제에 대한 개념을 명확히 하고, 양국 간 경계선을 정확히 책정하고 양측의 군대 주둔지역도 제한하고 그 경계를 잘 지킬 수 있는 새로운 평화유지 기구도 만드는 등의 과정을 아우릅니다. 이게 평화협정의 핵심이고, 이 것이 완결되어야 전쟁이 끝났다고 선언할 수 있습니다.

지금 거론되는 종전선언은 한반도 비핵화를 촉진하기 위한 선언적 효과를 위해 추진하는 것으로 보입니다. 안타깝지만 비핵화에 대한 구체적 계획 없이 종전선언부터 내놓으면 그 효과보다는 부작용이 더 클 것으로 우려됩니다. 북한은 '자, 전쟁이 끝났다. 그러니 미군을 철수하라'고 할 수 있고, 그러면 우리는 당장 '그래, 전쟁은 끝났다. 그런데 너희는 핵이 왜 필요하냐. 당장 없애라'면서 이전과 똑같이 응수하게 되는 거죠. 그러면 다시 원점으로 돌아가는 겁니다. 상처를 덧나게 할 가능성이 큽니다. 북한은 표면적으로 종전선언과 주한미군 문제는 상관없다고 주장할 수 있습니다. 그렇다면 종전선언에 "이 선언이 주한미군의 존재와 한미동맹의 위상에는 어떤 영향도 주지 않는다"라는 조항을 포함시키면 됩니다. 그러나 제가 보기에는 북한이 그런 조언을 받아들이지 못할 것입니다. 그러므로 종전을 선언하려면 비핵화 계획과 함께 묶어야 합니다. 노무현 대통령도 당시 북핵 폐기에 대한 계획을 수립하면서 그와 동시에 평화체제 협상을 같이 진전시켜나가는 게 맞지 않겠느냐는 입장으로 정리하셨어요. 그분은 오랫동안, 그러니까 대통령 되기 전부터도 한반도 문제에 많이 천착했어요. 긴 시간 대화를 나눠봤는데, 굉장히 많은 지식과 철학을 갖고 있었고요.

지금 이 비핵화에 대한 계획이 수립되지 않은 상태에서 종전선언이나 평화체제만 따로 떼어내 이야기하면 나중에 해야 할 일이 너무나 많아집니다. 동아시아와 태평양 전체의 안보 구조에 변화를 주기 때문에 이 문제를 빙하가 움직이는 것처럼 천천히 해결해야 할 문제로 보고 그에 맞게 방안을 짜야 하는 겁니다. 특히 중국과 북한이 수용할 수 있는 한미동맹, 주한미군의 운용 방식과 규모 및 구성에 대해 한국과 미국이 먼저 그 안을 만들어야 해요. '자, 우리가 이렇게 운영할 테니까 너희도 양해해라. 너희에게나 우리에게나 모두 좋은 것이다'라고 설득해나가야 하는 겁니다.

주한미군: 평화유지군으로 자리 매김해야

현재 주한미군은 육군과 공군 중심으로 편성되어 있습니다. 특히 공군력은 공격적 군사력으로 분류되지요. 평화체제하에서는 주한미군이 평화유지군으로서 지역안정을 위주로 기능할 수 있다고 봅니다. 한반도에서 무력분쟁이 일어나는 것을 막는 일뿐 아니라, 동북아시아의 새로운 군비경쟁이 일어나지 않도록 기여하는 거죠. 그렇게 하려면 현재의 육군, 공군 위주의 편성을 바꿔야 할 것입니다.

일본의 아소오 다로오가 외무장관이었을 때 제게 이렇게 말한 적이 있습니다. "중국은 육군 위주 국가인데 그 육군국가가 해군력까지 키우는 건 정말 곤란하다." 이건 중국에 대한 일본의 전통적인 인식입니다. 그 옛날 중국 원나라 군대가 카미까제(神風) 탓에 일본에 발을 들여놓지 못했다고 하는 거잖아요. 만약 중국이 막강한 해군력을 키우면 일본으로서는 두려울 수밖에 없는 거죠. 그런데 지금 중국이 그렇게 하고 있어요. 그러니 일본도 그에 맞서 대응책을 마련하려고 나서는 거고요.

이처럼 군비경쟁이 치열해지면 그 가운데에서 희생되는 건 바로 우리입니다. 가장 약한 고리가 한반도인 거예요. 이에 따라 우리도 국방력을 키운다고 나서게 되면 결국 지역 군비경쟁에 같이 기름을 붓는 셈이 되겠지요. 2005년 6자회담의 9·19 공동성명에서 동북아 안보협력 조항을 채택한 이유가 여기에 있습니다. 다자 안보대화를 통해 북핵 해결을 촉진하는 지역안정의 구도를 만들자는 취지였지요. 이를 위해 세차례 안보대화 회의를 가지기도 했습니다만, 6자회담 자체가 좌초되면서 중단되었습니다.

평화프로세스: 비핵화 시간표의 A to Z

비핵화 시간표, 이건 어떻게 만들 수 있을까요. 비핵화가 무엇인지 제대로 정의되어 있지 않은 상황이므로 실현 가능한 시간표를 만드는 것은 거의 불가능한 작업입니다. 그 점을 감안하여 다소 거칠더라도 정리해보겠습니다.

일단 북한이 핵을 폐기하겠다고 선언합니다. 그러면 미국은 제재 해제와 외교관계 수립 의지를 밝히고요. 그다음 북한은 핵을 신고하고 미국은 일부 경제제재를 해제합니다. 이어 북한은 신고한 핵에 대한 검증을 허용하고 미국은 추가 제재 해제와 외교관계 수립 절차에 들어갑니다. 그후 북한의 핵 폐기가 순조롭게 진행되면 미국의 대북수교 절차 완료와 전면적 제재 해제가 뒤따라야겠지요. 동시에 한미일이 중심이 된 국제사회의 대북 경제지원도 병행돼야겠고요. 그런데 아시아개발은행(ADB)이나 세계은행(WB) 같은 국제기구의 대북지원은 북한 체제의 투명성을 전제로 합니다. 북한이 이를 어느정도 감당할 수 있는가도 큰 변수입니다. 이 모든 과정은 매우 정교하게 진행돼야 합니다. 앞서 말씀드렸지만 뿌리 깊은 불신과 서로의 국내정치가 어떻게 작용할지 모르기 때문입니다. 게다가 신냉전 상태로 가고 있는 미중의 강대국 정치도 자칫 이 과정을 좌초시킬 수 있는 불확실 요인입니다.

미국의 입장에서는 우선 북한에 대한 테러지원국 제재를 해제하려면 45일 전에 미국 의회에 미리 통보해야 합니다. 의회에서 이의가 없으면 그것이 효력을 발생하지만 혹시라도 반대하는 법안을 발의하게 되면 장애에 봉착합니다. 또한 예를 들어 남북미중이 서명하는 평화협정을 만들려면 미국의 경우 상원의회의 3분의 2, 즉 100명 상원위원 중에서 67명이 이에 동의해줘야 해요. 비핵화 시간표라는 건 이처럼 상호적으로 얽힌 프로세스여서 시간표를 정하는 게 쉽지 않습니다.

이런 복잡한 절차와 예측하기 어려운 외부 요인들을 감안하면 설사 시간표를 짠다고 해도 곧바로 그것이 실행된다는 보장이 없습니다. 심지어 키신저(H. A. Kissinger) 같은 이도 시한을 정해서 밀어붙이자는 식으로 칼럼을 쓴 적이 있어요. 저는 2006년 그와 식사를 하는 계기에 "당신이 이 문제를 잘못 알고 있는 거 같다. 북한에게 언제까지 핵 폐기하라고 요구하면 북한은 미국이 먼저 제재 해제와 수교 같은 행동에 나설 것을 요구한다. 그런데 미국이 먼저 움직일 수 있느냐"라고 되물어본 적이 있습니다. 당신이 북한의 시각에서 생각해봤느냐고 말입니다. 미국은 세계를 관리하는 차원에서 그렇게까지 상대방의 사정을 다 알아주고 섬세하게 배려하면서 협상하진 못합니다. 그렇게 하면 자신들이 세계를 움직일 수가 없다는 것이 미국의 시각이거든요.

중국의 입장과 역할에 대해 많이들 이야기하죠. 중국을 배제하고는 이 문제를 해결할 수 없다는 건 분명합니다. 중국 입장에선 미국이 동북아를 자신이 원하는 구도로 만들어가는 걸 그대로 놔둘 순 없으니까요. 북한이 중국하고 사이가 좋다 나쁘다, 이렇게 주장이 엇갈리는데 실제로는 어떨까요? 사이가 좋지 않습니다. 다만 사이가 나쁜 것과 관계를 맺는 것은 다릅니다. 사이가 안 좋더라도 붙어서 살 수밖에 없다는 걸 서로가 잘 알기 때문입니다.

한번은 중국의 외교부장 리 자오싱(李肇星)에게, 당시 방코델타아시아(BDA) 문제로 6자회담이 막혀 있던 때여서, "당신이 북한의 실세 강석주하고 베이징대 영문과 동기동창이고 기숙사에서 같이 지낸 것으로 알고 있는데, 강석주한테 전화해서 잘 이야기해봐요"라고 권했습니다. 그러니 리 자오싱이 하는 말이 재밌어요. "베이징대 영문과가 영어실력이 좋지 않아서 그런지 의사소통이 잘 안 됩니다." 이러더라고요.(웃음) 북한과 중국도 생각처럼 소통이 잘되는 게 아니라는 거죠.

현장에서 경험한 중국·일본·러시아 외교

한반도 평화에 대해 논하려면 주변의 6자, 특히 남한·북한·미국을 제외하고도 일본·중국·러시아에 대한 이해가 병행되어야 합니다. 여기서는 『빙하는 움직인다』에서 소개한 주요 사례들을 중심으로 그 주변국들에 대한 이야기를 들려드릴까 합니다.

주한미군이 대책 없이 줄어들면 일본은 바로 재무장에 들어갑니다. 2006년 10월 9일 북한이 1차 핵실험을 했잖아요. 바로 그다음 달인 11월에 하노이에서 APEC정상회담이 있었습니다. 거기서 노무현과 조지 W. 부시 두 대통령이 만났어요. 부시가 자리에 앉자마자 꺼낸 것이 일본 이야기였습니다. "북한이 핵실험을 했다고 해서 일본이 왜 저렇게 핵무장 얘기를 꺼내는지 모르겠다." 이게 부시의 말입니다. 미국은 아시아를 그렇게 보고 있습니다. 미국이 관심을 두는 것은 미국을 따라잡고 뒤집을 수 있는 중국을 앞에 두고 일본이 어떤 역할을 할 수 있을까예요. 일본

2005년 9·19 공동성명 당시 6자회담의 각국 대표들. 사진 왼쪽부터 크리스토퍼 힐(미국), 사사에 켄이찌로오(일본), 우 다웨이(중국), 송민순(한국), 김계관(북한), 알렉산드르 알렉세예프(러시아).

이 미국을 적당히 보완하는 것까지는 좋은데 재무장까지 하게 되면 언젠가는 미국에 잠재적 위협이 될지도 모른다고 보는 거죠. 비중 면에서 북한과 한국은 그다음 차원에서 다루고요. 더욱이 일본의 핵무장은 전 세계 핵 비확산체제의 붕괴를 바로 가져온다는 점을 직시하는 거지요.

2006년 10월 북한이 1차 핵실험을 했을 때, 한국이 그 사실을 어떻게 통보 받았는지 아세요? 당시는 제가 청와대 안보실장을 맡고 있던 때입니다. 핵실험하기 20여분 전에야 주중 한국대사로부터 전화를 받았습니다. 그런데 중국 외교부에서 주중 한국대사에게 북한 핵실험을 통보하던 시점에 후 진타오 국가주석은 부시 대통령하고 전화로 통화하고 있었습니다. 최고권력자가 상대방 국가수반에게 직접 전화하는 것과

206

대사관을 통해 알려주는 것은 큰 차이가 있지요. 이게 강대국 정치입니다. 우리가 처한 국제정치의 현실이 이러합니다.

중국: 윽박은 지르나 타협의 여지 또한 마련해둔다

중국의 외교 스타일을 알 수 있는 에피소드가 하나 있습니다. 2005년 9·19 공동성명 당시 8월 4일 저녁에 한중 대표단이 만났어요. 당시 중국은 교착에 빠진 회담을 일단 폐회하고 추후 사정을 봐서 재개하자는 입장이었습니다. 그래서 제가 중국 대표인 우 다웨이에게 한국이 주선한 남·북·미 회동결과를 설명하고 교착상태가 풀릴 수도 있으니 회담을 연장하자고 제안했어요.

이 말에 저는 우 다웨이가 고마워할 줄 알았는데 의외의 반응을 보이더라고요. 나중에 알고 보니 중국은 이미 전날 미·북·중 3자 타협안을 중재했고 그게 실패하자 회담을 종료하려던 차였다네요. 제 말이 채 끝나기도 전에 우 다웨이가 격앙된 반응을 보이더라고요. "회담을 끝내기로 이미 상부에 보고했다. 미국과 북한은 지금껏 우리가 제안해온 방안들을 모두 반대했다. 그래서 힐에게도 회담을 여기서 끝내자고 했다. 그런데 지금 와서 남·북·미가 만나서 협의했으니 연장하자고? 지금 누구를 조롱하는 건가? 미국도 북한도 그렇게 모호하게 하면 안 된다." 그러더니 자리를 박차고 일어나 방을 나가는 거예요.

그 순간 저도 분개하여 우 다웨이를 향해 앉으라고 소리쳤습니다. 당시 그 방 부근에서 저희의 회동 결과를 기다리던 북한과 미국 대표단 일행이 놀라서 바라볼 정도였지요.

우 다웨이가 박차고 나간 지 한시간쯤 지나서 중국 측이 전체회의를 소집했습니다. 밤 9시 반에 회의가 속개되자 우 다웨이는 "지금 회담을 계속할지 또는 산회할지에 대해 결정코자 한다. 먼저 나의 오랜 친구인 송민순 단장이 발언해주기 바란다"고 말했습니다. 그때 저는 이것이 우 다웨이식 '사과'라고 받아들였습니다. 회의는 다행히 재개되었고 이윽고 핵 폐기 범위에서부터 북한의 경수로를 포함한 평화적 핵 이용 권리를 어떻게 접목할지에까지 토론을 넓혀갔습니다.

회담 연장 후 우 다웨이는 제게 다가와 "관건적인 시기에 한국이 방향을 잘 잡았다"면서 치켜세웠습니다. 저는 중국의 공이라고 돌려줬고요. 서로 간의 격한 대화가 이처럼 기존의 벽을 오히려 허무는 계기가 되었다는 것이 참 흥미롭지요? 중국 외교 스타일의 일면을 보여주는 에피소드입니다.

일본: 미국의 눈치를 살피나 판단이 정교하고 신중하다

일본의 외교 스타일은 중국과 천양지차입니다. 일본은 한반도 안보 문제에 대해 매우 민감한 반응을 보이지요. 그들은 앞으로도 미국을 움직여 한반도 문제에서 자기 자리를 꿰차려고 할 거예요. 1999년 제네바에서 협상할 때에도 그 자리에 한국 기자가 열명쯤 온 반면에 일본 기자는 사십여명이나 왔어요. 매일 아침 제가 식사를 하러 갈 때면 일본 기자들이 제 일거수일투족을 감시하면서 어딜 가나 마이크를 들이대더라고요. 회담에 참석하지도 않는 일본 측에서 그렇게까지 하는 건, 그만큼 그 뉴스에 대한 일본 국민들의 수요가 있기 때문입니다.

일본의 숨은 의도를 확인할 수 있는 일화는 또 있습니다. 9·19 공동성명 당시의 일이지요. 9월 14일 한국 대표단이 팡페이위안(芳菲苑)에서 일본 대표단과 만났습니다. 당시 일본의 대표였던 사사에 켄이찌로오(佐佐江賢一郎)가 제게 말하길, 그날 오전에 있었던 북한과의 회담에서, 모든 핵계획 포기 약속이 실제 이행되기 전에는 경수로 문제의 논의 자체가 어려울 것이라는 '미국의 입장'을 자신이 북측에 설명했다고 하더군요. 그때 제가 미국이 아닌 '일본의 입장'이 무엇인지 캐물었습니다. 그는 북한의 모든 핵 포기 의사가 명확해지면 일본도 어느정도 유연성을 발휘할 수 있지만, 아직은 공동문서에 경수로라는 용어를 포함하기는 어렵다고 하더군요.

저는 북한이 모든 핵계획을 포기하는 댓가로 경수로를 포함한 평화적 핵이용 권리를 허용하는 게 일본에 무슨 문제가 되는지를 물었습니다. 이에 대해 사사에는 "하나의 방안이 되기는 하겠지만, 협상 전략상 그런 방안은 지렛대로 남겨두어야 할 것이고, 또 누가 언제 제기하느냐가 문제"라고 털어놓더군요. 그 순간 저는 일본의 입장이 미국의 그것과는 약간의 간격이 있다는 것을 감지했습니다. 당시 미국은 경수로 문제를 거론하는 것 자체를 단호히 반대하고 있었거든요. 하지만 일본은 이미 함경도 신포의 경수로 관련 비용으로 4억여 달러를 투입했고, 경수로 사업이 자신들에게는 한반도 문제에 목소리를 내는 효과도 있었기 때문에 내심으로는 미국과 입장이 반드시 같을 수만은 없었지요.

저는 좀더 밀어붙여보기로 했습니다. 당시 북한의 수력과 화력 전력 생산설비 약 800만 킬로와트 중 가뭄과 연료 부족으로 3분의 1 정도만 가동 중이었거든요. 절대 수요량에 비해 평균 250만 킬로와트 이상이 부족했는데 전력이 없으니 석탄 생산도 못하는 악순환이 반복되던 상황이었지요. 이런 사실을 제시한 후, 일본과 한국 모두 원자력 의존도가 30퍼센트 가까이 되는데 북한이라고 해서 원자력 에너지가 필요하지 않겠느냐고 반문했습니다. 결론적으로 "북한이 모든 다른 핵 옵션을 포기하고 경수로를 갖겠다는데 일본이 논리적으로 반대할 수 있느냐"고 물었습니다. 이때 사사에는 "북한이 핵 폐기를 어떻게 약속하느냐에 달려 있다고 본다"면서 애매하게 답하더군요. 그는 미국의 입장을 생각해서 명확하게 말하고 싶어하지 않는 듯했어요.

확실한 답변을 들어보자 결심했습니다. "북한의 핵 포기 약속이 충족될 경우 북한이 경수로를 가질 수 있는지 여부에 대해 '예' 또는 '아니오'의 답변을 듣고 싶다"라고 한 거죠. 너무 직설적인가 염려스럽긴 했지만 다른 질문이 떠오르지 않았습니다. 그랬더니 사사에는 "그렇다면 그런 권리를 인정할 수는 있을 것"이라고 대답했어요. 그 순간 저는 이제 일본은 됐고, 미국을 움직이는 일만 남았다는 생각이 들었습니다. 한국이 타협안을 띄울 단계라고 판단했던 것이지요. 이처럼 일본은 마냥 미국의 거수기 역할로서만이 아니라, 자국의 이익에 맞게 판단하는 대단히 정교한 나라입니다.

러시아: 자신을 알아주는 이에게는 신의를 지킨다

러시아 이야기로 넘어갈까요. 2007년 6월 5일 서울 한남동 외교장관 공관에서 한·러 회담을 치렀습니다. 회담에 이어 러시아 대표단을 위한 만찬을 열었습니다. 만찬에는 으레 포도주를 곁들이지만 그날은 보드카를 미리 냉동해두었습니다. 만찬장에는 러시아 관련 정치·경제·문화 관련 인사들도 참석했고요. 제가 인사말을 하면서 대학 시절 읽었던 뚜르게네프(S. Turgenev)의 『사냥꾼의 수기』에 나오는 "보드카를 한잔 마시고 간단하게 생각한다"는 문장을 다 같이 음미해보자고 했지요.

저의 체험을 섞어 "눈밭으로 사냥을 나갔다 돌아오면 체온이 올라간다. 얼음 같은 보드카 한 모금이 식도로 흘러내려가 위벽에 닿자마자 차가운 기운이 등골을 타고 올라오면서 행복의 샘을 자극한다"고 묘사하면서 우리 모두 행복의 샘을 위해 건배하자고 말했습니다. 라브로프 장관은 답사에서 제가 "러시아를 아는 사람"이라면서 덕담을 건넸고요.

분위기가 이렇게 무르익어서인지 그날 참석자들은 보드카를 많이 마셨습니다. 대화가 길어져서 라브로프의 특별기가 한시간 이상 이륙을 늦출 정도였습니다. 이게 러시아 외교의 재미난 단면이기도 해요. 만찬이 끝나갈 무렵 라브로프에게 북한의 BDA 예금이 러시아 은행을 경유하여 송금될 것으로 기대한다고 이야기했습니다. 사실 6자회담이 진전되고 북한에 대한 경제협력과 동북아 다자안보 대화가 열리면 러시아도 실질적 혜택을 누릴 수 있었거든요. 그래서 BDA 문제는 동북아에서 러시아의 전략적 이익과도 연결되어 있었고요. 그러자 그도 며칠 전 미국의 라이스 국무장관으로부터 비슷한 요청을 받았다고 이야기해주더라고요. 당시 러시아가 이러저러하게 미국과 대립하고 있었지만, BDA 문제에 대해서는 한번 검토해보겠다면서요. 북한이 그 방안에 대해 어떻게 반응할지 확인하고 러시아가 할 수 있는 일은 다하겠다고 하면서,

돌아가는 대로 필요한 조치를 취하겠다고 이야기해주더군요. 그로부터 사흘 뒤인 6월 8일 라이스는 러시아가 중계 이체에 동의했다고 전화로 알려왔고요.

여러 단편적인 에피소드들을 말씀드렸는데, 요지는 각국마다 자국의 이익을 위해 복잡하게 계산하는 이 와중에 한반도 문제에 관해서는 우리가 공통의 이익을 짜내어 그들을 연결시켜야 한다는 것입니다. 그것이 한국 외교의 요체입니다. 각국의 특성과 이익의 핵심을 잘 이해하고 신의로써 그들을 만나 우리의 주장을 지혜롭게 펼치면 그것이 바로 한반도 평화를 한발 앞당기는 길이 될 수 있습니다.

북한의 개혁개방과 베트남 모델

비핵화와 함께 북한이 개혁개방에 나설 것이라고들 말합니다. 그러면서 북한의 개혁개방 모델로 베트남을 꼽는 이들이 많아졌어요. 과연 그럴까요. 만약 베트남이 남북으로 나뉘어 있고 남베트남(월남)이 한국처럼 잘살고 있었으면 북베트남(월맹)이 지금처럼 개혁개방을 했을까요? 또 북한이 바로 그렇게 쉽게 개혁개방에 나서면 북한 사람들은 어떻게 생각하겠어요. 바깥세상을 자주 접할수록 남쪽이 훨씬 잘사는 것을 알게 되고 그러면 자기들 체제에 대해 경쟁력이 없다는 걸 깨닫고는 민심이 이반되는 겁니다. 북한이 제일 우려하는 것이 이것입니다.

이런 점을 고려하여, 남과 북이 갈 수 있는 길이라면 긴 시간에 걸쳐 가치체계의 접근을 통해 공존, 통합하는 방법을 찾아야 한다는 겁니다. 일례로 독일과 오스트리아를 들 수 있어요. 지금은 오스트리아가 작아졌지만 19세기 말까지만 하더라도 오스트리아헝가리제국으로 거대했죠. 독일은 1871년 통일하면서 오스트리아헝가리제국을 포함하는 대독일의 길로 갈 것이냐, 아니면 프로이센 중심으로 소독일의 길로 갈 것이냐를 두고 고민합니다. 이때 독일은 소독일을 현실적인 방향으로 판단하고 오스트리아와는 별도의 국가를 유지하기로 합니다. 사실 언어도 같고 민족도 같고 종교와 문화까지 일치하지만 지금까지 따로 잘살게 된 거죠.

그 둘이 별도의 국가로 공존할 수 있는 건 가치관이 같기 때문입니다. 만약 오스트리아가 자유민주주의와 시장경제체제가 아닌 동구 사회주의의 가치체계를 택했다면 지금처럼 화기애애한 관계를 가질 수 없었을 것입니다. 이론상으로야 같은 민족이면서 가치관이 다른 별개의 국가가 평화롭게 공존할 수 있다고 하지만 그건 이론일 뿐, 실제로는 쉽지 않아요.

한반도 평화의 운전대를 누가 잡을 것인가

남과 북 그리고 미와 중, 이 국가들 간의 관계 조율 면에서 한국이 중요한 역할을 맡아야 합니다. 예를 들어 미국과 북한이 직접 대화한다고는 하지만 결정적인 2퍼센트가 모자란 경우가 더러 있습니다. 복잡한 사안일수록 더더욱 그렇지요. 2008년 6자회담 때의 일입니다. 북한의 김계관이 저한테 와서 미국이 자기하고 이야기를 안 하려 하니 미국과 만나게 해달라고 하더라고요. 북한의 핵폐기 범위와 조건 그리고 북한에 대한 경수로 제공 문제로 각자의 입장이 복잡하게 얽혀 있을 때였습니다. 그래서 제가 "그러지 말고 내가 모처에 있을 테니 김계관 당신이 와요. 내가 크리스토퍼 힐(미국 수석대표)도 오라고 할게요. 우리 셋이서 함께 이야기해봅시다"라고 답했어요. 그러니 양쪽 다 주저하더라고요. 한국을 가운데 끼워놓고 중요한 말을 꺼내기 싫은 거예요. 그래서 제가 "오늘 오후 5시에 모처를 예약해놨으니 거기로 오든지 말든지 해라" 말했지요. 결국 양쪽이 다 참석했고요.

김계관이 앉자마자 크리스토퍼 힐을 보고는 이러더군요. "아, 이거 꼭 중매꾼을 가운데 두고 만나야겠느냐." 저에게 아쉬운 부탁을 했으니 자기 체면이 구겨졌다고 생각한 거죠. 그래서 제가 화가 나서 말했어요. "말 똑바로 해라. 중매꾼이라니, 핵문제가 한반도 문제이고 이게 바로 내 문제인데, 주인인 내가 왜 중매를 서느냐!" 이렇게 단도직입적으로 나가자 김계관이 수그러들더라고요. 셋이 앉아 한참 이야기해보니 미국과 북한이 하는 말 사이에 미묘한 입장의 차이도 있었지만 동시에 뜻을 서로 제대로 이해하지 못하는 부분도 있었습니다. 우리가 이 간격을 메울 수밖에 없었습니다.

미국과 중국이 북한 핵문제를 비롯한 한반도 문제를 논의하는 경우를 봐도 그렇습니다. 그들은 한반도 문제를 두고 결코 10부 능선까지 가지 않습니다. 8부 능선쯤에서 멈춥니다. 서로 먼저 아쉬운 소리를 꺼내거나 깊은 거래를 제안할 수 없는 거지요. 북핵문제를 두고 양국 간의 직접적이고 본질적인 안보나 경제 이익을 타협하려 하지 않기 때문입니다. 결국 우리가 그림을 그려서 제시해야지요. 그 그림에는 북한이 행동에 나서게끔 하는 요소가 들어가 있어야 하고요. 더욱 정확하게는, 북한의 행동을 촉발해낼 수 있는 미국의 행동을 이끌어내고 중국도 같은 배에 타게 하는 구도를 한국이 주도해야 합니다.

우리가 이 거대한 그림을 주도적으로 그려내려면 제1의 관건은 국내의 정치가 통합돼야 한다는 것입니다. 지금 문재인정부가 출범한 지 1년이 훌쩍 넘었습니다. 정부가 3년차쯤 되면 북한도 미국도 중국도 한국의 정책과 그 추진동력이 어느정도 유지될지 지켜봅니다. 한국의 다음 정부가 어떻게 나올지 생각하는 거죠. 그러면서 서서히 한국의 목소리에서 힘이 빠지기 시작합니다. 그러니 다음에 어떤 정부가 들어서더라도 한국정부의 정책이 일관되게 지속된다는 확신을 줘야 하는 겁니다.

독일은 2차대전 후 한번도 연정을 벗어난 적이 없어요. 연립정부를 세우게 되면 좌파와 우파의 정치공세에 따른 정책의 요동이 적어진다는 장점이 있지요. 대표적으로 독일 통일에서 큰 역할을 해낸 자민당의 한스디트리히 겐셔(Hans-Dietrich Genscher)는 거대 양당인 기민당과 사민당을 포함한 연립의 파트너로서 내무부장관을 5년, 외교부장관을 18년간 했어요. 23년 동안 일하니 그가 있는 동안 서독의 통일정책은 진폭이 크지 않았습니다. 만약 서독의 대동독정책이 우리처럼 오락가락했다면 소련이 붕괴되고 통일의 기회가 왔더라도 이를 잡지 못했을 가능성이 크다고 봅니다.

현재 문재인정부는 한반도 정책 관련하여 대단한 열정과 기대를 갖고 있습니다. 국정의 다른 분야에서도 마찬가지일 것입니다. 다만 정부 운영이 단 5년밖에 안 되고 그 시기가 생각보다 빨리 지나갑니다. 모든 것을 다 잘할 수는 없습니다. 이때에는 어딘가에 집중해야 합니다. 어디에 중점을 둘지를 현 정부가 잘 판단하길 바랍니다.

Q. 북미 간 협상에서 트럼프의 존재감이 단연 눈에 띕니다. 트럼프 혹은 트럼프 정부의 협상전략을 어떻게 보아야 할까요?

트럼프의 대외정책과 협상전략에는 그의 성취욕, 과시성향, 국내 정국 타개의 필요라는 요소들이 바탕을 이루고 있습니다. 그의 대북정책이나 협상전술도 따로 떼어 볼 수 있는 것이 아니라 국내정치적 입지를 포함한 전체 배경에서 봐야 할 것입니다. 아울러 지금 미국이 처해 있는 대내외 환경을 살펴볼 필요가 있습니다.

2009년 출간된 마이클 맨들바움(Michael Mandelbaum) 존스홉킨스 대학 교수의 *The Frugal Superpower*라는 책은 뉴욕발 금융위기 이후의 미국의 입장을 잘 보여줍니다. 책 제목인 '돈을 아끼는 초강대국'이라는 말은 사실 기이한 표현입니다. 형용모순이죠. 돈을 아끼는데 어떻게 초강대국이 되겠습니까. 우리도 어디 가서 큰소리를 치려면 돈을 써야 하잖아요? 밥 얻어먹고 큰소리 칠 수 있는 사람은 많지 않아요.

이렇듯 미국은 말 그대로 돈을 아껴야 하는 초강대국이라는 모순에 빠져 있는 상황입니다. 2000년부터 2014년까지 15년간 미국 내 제조업에서 약 500만개의 일자리가 사라졌습니다. 같은 기간에 백인 자살자 숫자만 약 49만명에 이른다는 말도 있고요. 백인 유권자들은 지금 미국의 자존심이나 이상을 세우기보다는 일자리를 만들고 테러를 방지하여 국내 안정에 몰입하기를 바라고 있습니다.

이러한 때에 트럼프 같은 사람이 등장한 것입니다. 집권하자마자 동맹국들을 향해 돈을 내라고 하는데, 그 동맹국에는 우리도 포함되어 있습니다. 트럼프의 주장은 미국에서도 논란이 많아요. 하지만 미국이 이미 돈을 아껴야 하는 초강대국이라는 상황에 처해 있는 한, 트럼프가 아니라 누가 대통령이 되더라도 지금과 같은 문제가 발생할 가능성이 높지요. 즉 국제 문제의 선별적 개입, 동맹국에 대한 부담 전가, 그리고 보호무역에 기초한 미국우선주의의 노선에서 크게 벗어나기 어렵습니다. 이것이 미국의 현실입니다.

트럼프가 채택하고 있는 네가지 주의(-ism)가 있습니다. 하나는 고립주의(isolationism), 그다음은 보호무역주의(protectionism)입니다. 쉽게 풀어 이야기하면 미국으로 넘어오는 물건에 관세를 많이 매기겠다, 멕시코와의 국경에 장벽을 쌓겠다는 것입니다. 장벽 쌓는 돈은 멕시코가 내게끔 하겠다고도 했습니다. 말이 됩니까? 자기 집 담을 쌓는데 왜 옆집더러 내라고 합니까. 그리고 트럼프는 이민을 철저히 막겠다고 주장하고 있어요. 미국이라는 나라가 이민으로 형성됐고, 트럼프 자신도 스코틀랜드 이민자 출신 아닙니까. 그런데 이민을 철저히 막겠다고 주장합니다. 이것을 반이민주의(nativism)라고 합니다. 그리고 문제가 잘 안 풀리면 군사력으로 해결하려는 생각을 강하게 품고 있습니다. 즉 군사주의(militarism)도 트럼트가 추구하는 주의 중 하나입니다.

고립주의, 보호무역주의, 반이민주의, 군사주의까지 모두 근거가 없는 것은 아닙니다. 그것들이 끼치는 영향력은 둘째치고, 한 나라에서 엄연히 선택할 수 있는 정책들이지요. 하지만 다른 나라도 아니고 미국에서 이러한 정책을 실행한다는 것은 전후 세계질서를 이끌어오면서 미국이 주장해온 이상을 스스로 거부하는 자기모순입니다. 장기적으로 미국의 이익에 맞는지도 미지수고요.

트럼프는 '위협을 통한 승리의 전술'(winning through intimidation)에 능하다고 평가받습니다. 사실 이 전술은 돈 버는 기술이에요. 그런데 이를 국정운영에 동원하고 있습니다. 잘 알다시피 트럼프는 부동산 개발업으로 성공한 사람이지요. 2000년대 서울 용산을 개발할 때 세입자들을 몰아냈듯이, 미국에서도 재개발을 막무가내로 했습니다. 줄리아 로버츠가 변호사로 나오는 영화 「에린 브로코비치」에서도 개발에 반대하는 환경론자를 무자비하게 몰아세우는데, 이는 미 서부의 재개발 현장에서 벌어진 일들의 단면을 묘사한 것이었지요. 트럼프는 이 같은 사업풍토의 중심에서 성공한 사람이에요. 상대방을 협박하고 그다음에 거래하는 방식에서 최고 전문가가 트럼프인 것입니다. 그것을 거창하게 '위협을 통한 승리의 전술'이라고 이야기하는데, 민주주의, 인권, 시장경제, 무역개방, 기후변화 대처 등에서 자국의 기준을 내세우면서 세계의 지도국 역할을 자임해온 미국이 이처럼 트럼프 정부에 들어서 우리가 예측하기 어려운 나라가 된 것입니다.

2003년 부시 대통령이 이라크전쟁을 개시할 때에도 많은 논란이 있었지만 사람들이 지금처럼 염려하지는 않았습니다. 미국도 역사상 많은 다른 나라들처럼 자국의 이익을 위해서 혹은 자국의 정치상황 때문에 전쟁을 일으켰지만, 그것이 미국의 이익뿐 아니라 다른 나라에도 좋은 일일 수 있지 않을까 하는 기대도 품었거든요. 그런데 지금은 아닙니다. 미국이 자신만을 위해 전쟁을 벌인다면 미국의 신용은 떨어질 수밖에 없습니다. 그러나 트럼프는 자신의 성취의지와 과시욕, 그리고 국내정치의 난국을 타개하기 위해서라면 무슨 일을 벌일지 예측하기 어려운 이예요. 미국에게 신뢰는 정말 중요한 자산이었습니다. 미국이 갖고 있는 소프트파워라고 할 수 있는데요. 그 신뢰를 트럼프가 무너뜨리고 있는 것입니다.

이런 맥락에서 볼 때 저는 트럼프의 대북정책을 일종의 '재개발 외교'의 일환이라고 부릅니다. 재개발업자는 기존의 상태를 유지 보수하면서 관리하는 데는 관심이 없습니다. 허물고 새로 짓거나 아니면 최소한 리모델링이라도 해버립니다. 그것도 이윤이 안 될 것 같다 싶으면 내버려두고 또다른 사업 대상을 찾겠지요. 트럼프는 2018년 11월 중간선거까지는 북핵문제라는 사업처에서 수지맞는 재건축 또는 리모델링 가능성을 내세우며 밀고 갈 것으로 보입니다. 그후 2020년 대통령 재선 가도에서 어떤 선택을 할지는 어느 쪽도 예단하기 어렵습니다.

Q. 국제관계 때문에 통일이 어렵다면, 한반도를 중립화하는 방법도 있을 것 같습니다. 이에 대해 어떤 의견이신가요?

중립국의 상황에서 통일한다는 건 무척 매력적으로 들립니다. 그런데 왜 강대국들 사이에 놓인 나라들이 중립국 상태의 통일을 염두에 두지 않을까요. 혹은 왜 그 방안이 실질적으로 도움이 안 될 거라고 생각할까요. 우리의 경우에는 바로 옆에 중국이 있기 때문입니다.

중국은 어떤 때에 보면 한반도를 자기 나라의 일부라고 생각하는 듯도 해요. 결국에 가서는 한반도를 자기 영역 안에 둘 거라고 보는 것입니다. 만약 한반도가 중립화되면 가장 가능성이 높은 시나리오가 중국의 품 속에서 살아가는 길인데, 그렇게 되는 걸 우리가 원하는지에 대해 깊이 생각해봐야 합니다. 그런 큰 딜레마가 우리 앞에 놓인 것입니다.

역사적으로 중국은 주변국을 늘 자기 영역 안에 두는 방식으로 관리해왔습니다. 중립국 상태에서의 통일을 아예 생각해볼 수 없는 것은 아닙니다만, 그러자면 두가지 조건이 충족되어야 합니다.

첫째는 중국의 힘이 약해지면 가능해요. 중국에서 만주가 분리되어 나오는 등 여러 자치구들이 분리되어 나와 중국이 축소된다면 이를 생각해볼 수도 있습니다. 다만 그럴 가능성은 높아 보이지 않지요. 만약 그렇지 않고 강력한 중국 아래서, 즉 과거의 조공체제 같은 시스템 아래에서 중국과 관계를 맺어야 한다면 많은 국민들이 이처럼 중립 상태로 중국의 강력한 영향하에서 살아가는 것에 동의하지 않을 것입니다.

둘째로 우리의 힘이 아주 강력해진다면 중립국 상태에서의 통일을 생각해볼 수 있습니다. 매우 강력한 국력, 즉 군사력과 경제력을 잘 갖춘 상태에서 주변국과 대등한 위치에 선다면 이를 염두에 둘 수 있는 거죠. 그런데 그렇게 강력한 국력을 갖고 있다면 중립 상태를 유지하기가 쉽지 않을 것입니다.

이런 이유로 중립국 상태에서의 통일은 굉장히 매력적으로 들리지만 실제로 현실화하기 어렵다는 점을 말씀드립니다.

Q. 북한 사람들과 실제로 외교적인 협상을 많이 치러보셨을 텐데, 실제 그 사람들의 협상능력이 궁금합니다.

흥미로운 질문입니다. 북한 사람들의 외교나 협상 능력은 우리의 그것하고 차원이 다릅니다. 그들에게 외교란 죽느냐 사느냐 하는 문제니까요. 절박함의 차이입니다. 사람이 생사가 걸렸을 때의 능력과 그렇지 않을 때의 능력은 천양지차잖아요.

대학 시절에 시위하다 경찰에 쫓긴 적이 있습니다. 종로4가에서 대학로로 쫓기다가 당시 서울대 법대와 문리대 사이로 달렸는데요. 그 사잇길이 바로 낙산으로 올라가는 골목이었습니다. 학교 밖에 있자니 경찰이 다시 쫓아올 것 같아 담장을 넘어야 했는데, 그 담장이 얼마나 높은

지 모르고 무의식적으로 뛰어넘었습니다. 그런데 이튿날이 되어 바로 어제 뛰어넘은 담장에 가보고는, 평소 같았으면 도저히 넘을 수 없는 높이라는 걸 알고는 깜짝 놀랐어요. 위급한 상황에서 어떻게든 살아야겠다고 거미가 줄을 타고 올라가듯이 담장을 기어올라 넘어간 것입니다.

북한 사람들을 만날 때면 그때 생각이 나곤 합니다. 생과 사가 걸렸을 때와 일상의 자세로 응할 때가 전혀 다르다는 것을 그때 알았기 때문입니다. 북한 외교관 중에 김계관이라는 분에 대해서는 앞에서도 말씀드렸지요. 그는 1991년부터 지금까지 핵문제와 6자회담을 맡아왔습니다. 그 사람이 6자회담을 맡는 동안 남한 측 대표는 6명가량 교체되었습니다. 그러니 김계관이라는 사람은 6자회담을 완전히 꿰고 있는 베테랑이라고 할 수 있지요. 그를 포함한 북한 외교관들과 협상에 들어가면 대화를 진전시키기가 대단히 어렵습니다. 우리 같은 경우에는 협상장에 있는 사람이 상황에 따라 유연하게 대처할 수 있습니다. 그래서 차근차근 협상하면서 상대방과 각각의 사안을 주고받게 마련이지요. 그런데 북한 사람들과는 이처럼 양파 껍질을 벗기듯 협상할 수 없습니다. 그들은 딱 정해진 선을 갖고 있습니다. 외교관 각자의 운신 폭이 아주 좁은 거지요.

그러면 생과 사의 기로에 선 북한 외교관과는 협상할 수 없는 걸까요? 그렇지는 않습니다. 사실 국제 외교가 잘 풀리지 않는 건 서로가 국내정치에 집착하기 때문입니다. 북한이나 우리 각자의 정권에 가장 중요한 것이 무엇이겠습니까? 북한은 정권의 세습이 가장 중요하고, 우리는 여러 중대사안이 있지만 역시나 정권의 재창출이 가장 중요합니다.

다들 이렇게 국내정치에 신경을 쓰기 때문에 합의에 도달하기가 어렵고 설사 합의에 이르더라도 그 합의사항들을 실제로 이행하기가 어려워집니다. 남북만이 아니고 정도의 차이만 있을 뿐 다른 나라들도 그 양상은 비슷하지요.

세상 일이란 게 그렇더군요. 저마다 자기 사정만 알고 남의 사정은 잘 알지 못합니다. 내가 원하는 대로 상대를 바라보기도 하고요. 우리가 북한을 볼 때에도 마찬가지입니다. 이제는 북한을 있는 그대로 봐야 합니다. 그들이 우리 바람대로 행동하길 기대하면 곤란합니다.

제가 북한대학원대학교 업무를 보고 있을 때의 일입니다. 어떤 자리에서 처음 보는 분이 저에게 "북한은 도대체 예측하기가 어려운데 그런 사람들 연구하고 상대하려면 참 힘들겠다"고 하면서 좀 안되었다는 듯이 말을 건네더라고요. 그래서 제가 "북한이 옳고 그르고는 제쳐두고 정책의 일관성과 예측 가능성은 갖추고 있는 상대라고 본다. 예측 가능성으로 치자면 오히려 우리나 미국이 떨어진다"고 했더니, 이분이 '이 사람이 북한을 상대하더니 친북이 되었나' 하는 듯한 눈으로 저를 빤히 쳐다보는 겁니다.

제가 좀 정색하면서 "북한의 예측 가능성은 최소한 세가지 측면에서 나온다. 첫째, 그들의 정권과 체제가 구체적인 방식으로 보장되지 않는 한 핵은 포기하지 않는다. 둘째, 북한은 우리가 원하는 방식으로 투명해질 수 없다. 폐쇄독재 국가에서는 투명성을 곧 독약으로 간주한다. 셋째, 북한은 항구적으로 식량이 모자란다. 원래 북쪽은 공업지대였고 남쪽이 곡창지대였는데 체제의 실패로 공업이 돌아가지 않으면 스스로 식량을 사올 돈이 생기지 않는다. 그러므로 우리는 북한의 이런 불행한 예측 가능성을 일단 기정사실로 염두에 두면서 협상해야 한다. 그런데 서울과 워싱턴에서는 정권이 바뀔 때마다 정책이 바뀐다. 아마 평양에 서는 어리둥절할 때가 많을 것이다"라고 이야기해주었습니다. 그분은 제가 너무 진지하게 말하는 바람에 얼떨결에 듣고만 있었지만 그뒤로 어떤 생각을 갖게 되었는지는 잘 모르겠습니다.

적어도 협상할 때에는 상대방이 무엇을 필요로 하는지부터 살펴야 합니다. 그들이 필요로 하는 것이 우리가 보기에 정치적으로, 특히 도덕 적으로 수용할 수 있는지의 여부는 그다음 과제입니다. 그런데 우리는 늘 도덕적으로만 보려고 하죠. 그걸 다 극복하고 협상 자리에 앉는 것, 그 일을 외교관들이 하고 있습니다. 말이 통하지 않는 북한의 답답함과 도덕적 결함, 그리고 그걸 비판하고 압박하는 데 한국이 앞장서거나 동 참하기를 요구하는 국제사회의 압력, 이런 것들을 다 짊어지고 협상해 야 하는 것이 한국 외교관의 몫입니다.

6

한반도 대전환의
핵심 키워드

정세현 丁世鉉

서울대학교 외교학과를 졸업하고 같은 대학원에서 정치학 박사학위를 받았다. 통일원 공산권연구관, 대화운영부장 등을 거쳐 청와대 통일비서관, 통일연구원 원장, 통일부 차관, 통일부장관(29~30대)을 지냈다. 통일부 직원 출신 첫 통일부장관이었고, 두 정부(김대중, 노무현)에 걸쳐 연이어 장관에 임명된 첫 사례이기도 하다. 이화여자대학교 북한학과 석좌교수, 민족화해협력범국민협의회 대표상임의장, 원광대학교 총장을 지냈다. 현재 한반도평화포럼, 한겨레통일문화재단, 평화협력원, 더미래연구소 이사장을 맡고 있으며, 지은 책으로 『모택동의 국제정치사상』『정세현의 외교토크』『정세현의 통일토크』『정세현의 정세토크』『담대한 여정』 등이 있다.

현대사의 대전환을 맞이하는 우리의 자세

한반도 대전환이라고 불러도 무방한 상황입니다. 2018년 올해 들어 갑자기 성사된 4·27 남북정상회담과 이를 다리로 삼아 성사된 6·12 북미정상회담의 결과로 한반도에 평화체제가 수립될 수 있는 여지가 상당히 커졌습니다. 물론 북미 간 합의사항이 이행되는 데에는 어느정도 우여곡절을 겪게 될 겁니다. 그러나 이는 협상 과정에서 볼 때 양국의 전략이 충돌하는 것에 불과할 것입니다. 또한 그 충돌은 북한의 잘못보다는 미국의 잘못에서 기인한 바가 더 클 거고요. 지난 25년 동안의 북핵 역사를 되짚어보면 말입니다.

대전환을 위한 기본 요소 1: 미국에 대한 이해

외교 현장에서 몇년만 일해 보면 큰 나라들, 예를 들어 미국이나 중국의 속셈이 무엇인지 알 수 있습니다. 이들은 대국이기 때문에 체면치레를 위해서라도 평화를 지향하는 이야기를 꺼내거든요. 하지만 이들이 말하는 평화는 자신이 우월한 지위에 있는 상태에서 안정이 유지되는 것입니다. 일례로 '팍스 로마나'는 고대 로마의 지배가 확립된 상태에서 저항세력이 사라져 평화로운 상태가 됐다는 것을 의미합니다. 마찬가지로 '팍스 아메리카나' 역시 미국의 절대적인 영향력, 지배권력이 통하는 상태를 말하는 것이지요. 따라서 미국은 군사적으로 자국의 우월한 위치를 지키기 위한 정책을 쓸 수밖에 없는 것이고요.

미국이 어떤 사고를 갖고 있는지를 살펴볼 필요가 있어요. 우선 미국은 자신이 우월적 위치에서 상대방에게 지시해야 한다고 생각해요. 한마디로 디플로머시(diplomacy) 개념이 아니라 딕테이션(dictation) 개념으로 상대국을 대합니다. 디플로머시라는 건 상대방과 일대일로 대화하고 타협과 거래를 하면서 결론을 이끌어내는 방식을 뜻하죠. 딕테이션은 상대와의 대화가 아닌 일방적인 지시, 가르침을 뜻하고요. 상대방이 약속을 이행할 수밖에 없도록 여러 조건을 조성해가면서 본인들이 협상을 통해 얻으려는 목표를 달성해나가야 그게 외교 아닙니까? 그런데 적어도 제가 경험한 바의 미국은 그렇게 하지 않아요. 본인들은 외교가 필요 없다, 수퍼파워이기 때문에 웬만한 나라는 자기네가 시키는 대로 한다는 겁니다. 자기네가 일대일로 상대할 나라는 과거엔 소련, 지금은 중국뿐이라는 식의 외교철학을 갖고 있는 듯해요. 이런 미국에 대한 이해가 없으면 북미정상회담의 결과가 지금 왜 제대로 이행되지 않는지에 대한 분석이나 평가가 온전히 되질 못해요.

또한 기본적으로 미국은 남북관계가 개선되면 동북아 지역에서 자국의 우월적 지위가 흔들린다고 생각합니다. 그러다보니 북핵문제를 동북아를 통제하는 지렛대로 써왔던 거죠. 특히 이를 주도하는 미국의 군산복합체 세력의 입김은 대단합니다. 결국 이 세력의 주장을 뛰어넘을 수 있는 대통령이 있느냐 없느냐가 지금 혹은 앞으로의 중요한 변수가 될 것입니다. 김대중, 노무현 대통령은 이들의 주장을 뛰어넘길 소망했습니다. 어느정도 성과를 내기도 했고요. 하지만 후임 정부들이 미국 군부와 군산복합체의 이익에 그저 일방적으로 끌려가기만 했지요.

지금 트럼프가 독단적으로 한반도 평화 무드를 잡아가고 있긴 하지만, 대다수의 미국 전략가들은 한반도 정세가 계속 불안한 상태로 가야만 무기 장사를 해먹을 수 있다는 생각으로 계산기를 두드리고 있습니다. 따라서 문재인 대통령이 이 같은 미국의 의도에 어느정도 협조하거나 동조해주면서도 자기 목소리를 낼 수 있다면 소기의 성과를 거둘 수 있을 것입니다. 또한 지금까지 남북정상회담과 북미정상회담에서 도출된 결과가 잘 이행되기만 한다면 비핵화와 북미수교의 미래가 밝습니다. 북미수교를 하기 위해서는 평화협정을 체결해야 하고요. 북한과 미국이 전쟁 당사자들이니 그 당사자들이 수교하려면 평화조약을 체결해야 합니다. 국제법상 따져봐야 할 것이 많은 거죠.

한미연합훈련도 남북미 간에 자주 거론되는 문제인데 이에 대해서

2017년 12월 18일 워싱턴 백악관에서 트럼프 대통령이 새로운 국가안보전략(NSS)을 발표하고 있다. 그 첫번째 기조가 미국우선주의(Ameria First)였다는 점이 의미심장하다.

도 냉정하게 살펴볼 필요가 있습니다. 트럼프 대통령이 싱가포르 회담 이후에 "한미연합훈련은 부적당하며 비용이 많이 들고 매우 도발적이다"라고 하자 미국이 북한의 요구에 따라 한미연합훈련을 중단하려 한다고 하며 언론에서 난리가 났습니다. 그런데 이렇게 보는 것은 미국이라는 나라를, 트럼프라는 인물을 잘 모르고 하는 소리예요. 어디 그들이 그럴 나라입니까. 그 말 속에는 북한과의 협상에서의 주도권 문제, 주한미군 주둔비 문제 등이 얽혀 있는 거지요. 트럼프 혼자서 결정할 수 있는 사안도 아니고요.

한반도 냉전구조가 해체될 수 있는 기회가 다가오는 것은 분명합니다. 북미정상회담의 결과로 비핵화와 수교가 맞교환되면 북미 간 적대관계는 끝나고, 냉전구조는 해체됩니다. 유럽의 냉전구조는 1989년 12월 3일과 4일 이틀간 지중해 몰타 섬에서 열린 아버지 부시 대통령과 소련의 고르바초프 공산당 서기장 간 회담을 통해 해체되었습니다. 2차대전 이후 계속되었던 군비경쟁을 그만두고 유럽 내에서 세력을 확장하면서 수없이 부딪쳐왔던 일들을 더이상 벌이지 말자고 약속한 겁니다.

소련으로선 그동안 군사비가 너무나 큰 부담이 되었던 탓에, 또 우주경쟁에 올인하는 바람에 국민경제가 완전히 몰락했으니까요. 따라서 더이상 군비경쟁은 안 되겠다고 서로 합의한 거죠. 좀더 정확하게는 고르바초프가 솔직하게 항복 의사를 밝힌 거고요. 이로써 유럽의 냉전구조는 해체되고 그 흐름 속에서 1990년 10월 3일 독일이 통일합니다.

유럽의 냉전구조 해체와 독일 통일은 상당히 밀접한 연관을 갖고 있습니다. 한편 우리 쪽에서도 여러 방안을 통해 북한뿐 아니라 사회주의권과의 접촉을 시도한 바 있습니다. 본래 이 같은 발상은 1971년 4월 18일 제7대 대통령선거에 야당 후보로 나왔던 당시 신민당 김대중 후보가 서울 장충단에서 했던 연설에서 나왔어요. 바로 '4대국 교차승인과 남북교류론'이었죠. 그런데 당시 대통령이자 여당 후보였던 박정희 측에서 거기에 '빨갱이' 딱지를 붙였어요. 김대중 후보는 그뒤 27년간 그 정책을 계속 벼려오다가 대통령이 된 뒤에 바로 그것을 실천에 옮겼습니다. 그것이 햇볕정책인 것입니다.

노태우 대통령이 올림픽을 앞둔 1988년 7월 7일 발표한 것이 7·7선언이지요. 이 선언의 핵심은 그동안 적대했던 소련, 중국과 수교하겠다는 것입니다. 그동안 경제력이 커졌기 때문에 시장을 확보하기 위해서도 그러길 바랐고, 안보 측면에서도 북한의 동맹국인 소련·중국과 수교하는 것이 좋겠다고 본 거예요. 당시 동유럽의 움직임, 미소 간 혹은 동서유럽 간에 1975년부터 전개된 헬싱키 프로세스(나토와 바르샤바조약기구 35개 회원국들이 유럽의 안보협력을 위해 체결한 '헬싱키 협약'을 이행했던 과정을 가리키며 이로써 유럽의 냉전구조를 극복하는 데에 기여했다는 평을 받았다)의 연장선상에서 볼 때, 냉전은 끝나가는 것 같았거든요. 마찬가지로 동아시아 또는 한반도에서도 냉전을 끝내면 좋겠다고 본 거예요.

곧이어 우리는 1990년 9월에 소련, 1992년 8월에 중국과 나란히 수교를 맺습니다. 소련과의 수교는 1989년 고르바초프가 레이건 대통령한테 유럽의 냉전구조 해체를 제안한 뒤에 바로 맺어졌다는 점에서 주목할 만하고요. 중국과의 수교는 실은 더 일찍 공표할 수도 있었는데, 중국이 북한의 입장을 고려하면서 외교적으로 배려한 이유로 시간적으로 좀 늦췄던 측면이 있습니다.

중국이 이렇게 북한을 배려했던 반면에 러시아는 그렇지 않았어요. 1970년대 후반에 들었던 러시아의 극동방송 중 조선어방송 생각이 나네요. 당시 러시아에 조선어방송이 있었거든요. 그 방송을 들어보면 러시아는 자기네들이 북한을 그동안 얼마나 도와줬는지를 열거하고는 그런데 북한이 자기를 잘 따르지 않는다고 탓하더라고요. 중국은 절대 그렇게 하지 않았습니다. 언젠가는 김일성이 중국에 갔을 때 그 수행원들이 백화점에서 이것저것 물건을 가리키면서 그것들을 모두 열차에 태워 북한으로 보냈다고 해요. 그런데 그다음에 결제를 안 해준다는 거예요. 물건을 실어 보낸 화차마저도 돌려주지 않고요.(웃음) 이런 경우 러시아는 이 구입목록들을 낱낱이 공개합니다. 하지만 중국은 대외적으로는 이를 공표하지 않아요. 그런 식으로 북한을 배려하는 것이 중국입니다. 그래서 소련보다 2년가량 늦춰 한국과 1992년 8월 25일 수교를 맺은 거죠.

한소수교-한중수교가 1990년대 초에 성사되면서 한반도의 냉전구조 절반은 해체됐습니다. 싱가포르 6·12 북미정상회담의 결과로 비핵화와 수교가 이루어지면 반쪽으로 명맥을 유지해오던 한반도 냉전구조가 마저 해체되리라 봅니다. 평양에 미국 대사관이 들어가고, 워싱턴에는 북한 대사관이 들어가는 거죠. 만약 북한이 미국에 이어 일본과도 수교를 마치면 북중관계, 북러관계도 변할 수밖에 없겠고요. 결국 동북아 국제 질서가 재편되는 겁니다.

동북아 질서가 재편되는 과정에서 한국이 주변 강대국들에 자기 운명을 맡겼던 과거의 전철을 밟지 않으려면 우리 외교의 자국중심성을 강화해야 합니다. 구한말에는 바로 이 자국중심성을 전혀 갖추지 못했어요. 당시에는 이른바 이이제이(以夷制夷) 전략이라고 스스로 착각했을 거예요. 러시아의 힘을 빌려 일본과 청나라를 견제한다든지, 때로는 일본이 너무 세게 나오면 청나라의 힘을 빌려 일본을 견제한다든지, 그렇게 오락가락하다가 나중에 일본의 식민지로 전락하는 불운을 맞이하죠. 자국중심성 없는 외교의 말로였지요.

해방 후에는 어땠습니까. 2차대전에 우리가 참전도 못하고 광복을 맞이했지요. 마치 선물처럼 해방을 맞이했기 때문에 미처 준비를 못했던 탓에 남과 북이 분단되었다는 사실도 잘 몰랐습니다. 나중에서야 그것이 거대한 족쇄임을 깨닫고 각각 통일정부를 세우려는 운동을 벌였죠. 결국 북쪽에는 친소 공산정권, 남쪽에는 친미 자유정권이 들어섰고요.

'국토분단' 다음에는 '정치분단' '이념분단'이 있었고 1950년 6월 25일에 발생한 전쟁으로 인해 서로가 서로를 원수로 생각하는 '민족분단'이 일어났습니다. 그게 다 외교에서 자국중심성을 갖추지 못해 생긴 거죠. 해방 직후에는 그것을 갖출 수 있는 인재도 없었고 식견도 없었어요. 하지만 지금 동북아 질서가 재편되는 과정에서 우리가 자기 운명의 결정권자가 되기 위해서는 반드시 자국중심성을 확보해야 합니다.

한동안 남북관계가 막히면서 지금은 인도적 차원의 대북지원 등이 모두 중단된 상태입니다. 이가 없으면 잇몸으로 살아야 하니, 북한은 자연스럽게 중국 쪽에 손을 벌릴 수밖에 없었고요. 일단 땜질이라도 하고 살아야 한다는 생각으로 중국과 교류협력을 활성화시킨 것이지요.

다만 북한에 있어 중국이 남한을 대체할 수준까지 다다랐는지는 의문입니다. 북핵문제가 완전히 풀리지 않는 상황에서 중국이 무턱대고 북한과 교류나 경협을 늘릴 수도 없고요. 비록 북한과 중국이 지난 1961년 조중상호우호협력조약을 체결해 상대방이 제3국으로부터 공격을 받으면 자동으로 개입하겠다고 합의했지만, 현 시점에서 이는 문서에 불과합니다.

김정은 위원장과 시 진핑 주석이 2018년 6월 베이징 국빈관 댜오위타이에서 만나 악수하는 모습. 당시 회담에서 양국의 우호협력 관계 발전과 한반도 정세를 논의했다.

　현재 중국은 미국을 의식할 수밖에 없습니다. 이런 현실 속에 만약 중국이 북한문제 때문에 미국에 약점을 잡혀 자국의 동아시아 전략이 틀어진다면 어떻게 될까요? 중국이 가장 바라지 않는 시나리오가 바로 이것입니다. 그렇기 때문에 중국은 때때로 북한을 제재하는 모양새를 취하기도 하고요. 이러니 북중관계가 남북관계를 온전히 대신할 수 없는 거죠.

한반도 대전환의 첫번째 키워드: 분단체제

앞으로 분단체제가 와해될 겁니다. 반쪽으로 명맥을 유지해오던 한반도 냉전구조가 마저 해체되면 냉전하에서 대북적대와 남북대결을 전제로 구축되어온 분단체제도 와해될 수밖에 없습니다. 분단체제라는 용어는 백낙청(白樂晴) 교수께서 만들었지요. 한반도 냉전구조와 남북대결을 전제로 한 분단체제는 표리의 관계에 있습니다. 분단체제의 버팀목 역할을 해왔고 지금까지 그것에 불가피한 명분을 제공하던 냉전구조가 해체되면 분단체제는 지탱이 어려울 겁니다.

분단체제는 냉전구조라는 토양 위에 서 있었고 그 냉전구조를 자양분으로 하여 그야말로 70년 동안 자라나서 거목이 되지 않습니까. 분단체제라는 거목은 그 그늘도 넓고 짙어서 그 아래에서 그것으로 먹고사는 사람들이 많아요. 이른바 분단체제하에서 구축된 기득권으로 호의호식한 세력들은 이제 좀 불안할 거예요. 그들은 지금까지의 판이 깨지는 것을 마뜩잖아 합니다. 기득권을 잃지 않으려는 냉전분단 세력들의 저항이 앞으로 만만치 않을 것입니다. 그들이 그냥 죽지는 않을 테니까요. 70년이라는 세월 동안 그야말로 넓고 깊숙이 뿌리를 박아온 분단체제라는 거목이 쉽게 쓰러지지는 않을 겁니다.

프랑스대혁명 후 앙시앙레짐 즉 혁명 이전의 구체제를 복원하려 한 움직임이 한때 있었듯이 여기도 그와 같은 복원운동이 일어날 수 있어요. 구체제 구질서를 복구해야 한다는 걸 정당화하는 논객들이 최후의 저항을 준비할 겁니다. 지금 불안해하는 이들 몇몇이 각종 종편 시사프로그램에 나와서 이야기를 하더군요. 아니, 분단체제하에서 기득권이라도 누리던 나이 많은 이들이 그런다면 이해라도 하겠는데, 이제 막 박사학위 받은 사람들이 나와서 그렇게 말하는 걸 보고는, 곡조도 모르는 사람들이 가사도 틀린 노래를 부르려 하는구나라고 생각했어요. 노래를 부르려면 곡조를 알고 나서 가사도 제대로 기억하여 불러야지요. 저렇게 아무렇게나 읊조리면 되겠습니까.

분단체제 아래서는 이런 비판에 대해 남남갈등이라는 외피를 입혔어요. 사실 남남갈등이라는 말이 예전에는 없었습니다. 군사정권 시절에는 정부가 추진하는 대북정책에 대해 딴지를 걸면 이는 바로 죽음과 탄압을 의미하기 때문에 갈등이랄 것이 없었지요. 그러나 민주화가 되면서 제각각 목소리를 낼 수 있게 되었고 그러다보니 오히려 정부정책 특히 대북정책에 대해 비판하는 목소리가 터져나온 거죠. 보수진영에서 말하길 진보진영은 왜 이렇게 남남갈등을 유발하느냐, 남북갈등을 치유하기 전에 남남갈등부터 치유하라는 겁니다. 아주 묘한 논리죠. 본인들 이야기에만 귀 기울이고, 북한에 지원을 많이 해야 한다는 유의 목소리는 죽이고 가라는 식의 요구예요. 그렇게 남남갈등을 치유하기 전에는 남북갈등을 해결할 수 없다는 식의 논리로 남북의 화해협력을 지연시키려는 발언을 일부러 내뱉는 이들이 여전히 많습니다. 이들의 목소리는 앞으로도 상당 기간 지속될 거예요. 하지만 새로 분출되어 나오는 역사의 흐름 자체를 바꿀 수는 없을 것입니다.

구한말에 신문명이 급속히 전파될 때, 상투 틀고 수염 기르면서 옛날 이야기만 하던 사람들의 위정척사운동을 뒤돌아봅시다. 밖에서 들어온 것은 전부 사악하니 물리치고 500년간 우리가 견지해온 전통문화, 이념 체계를 보호해야 한다고 했어요. 그 위정척사운동이 오래 가지 못했습니다. 새로운 역사의 흐름을 거역하기 어려웠던 겁니다.

두번째 키워드: 종전선언

북미정상회담 결과로 종전선언이 계속 언급되는데 막상 종전이 선언되고 나면 정전협정은 이제 끝나 없어집니다. 정전협정이 무엇이지요? 한반도의 정전-휴전 상태를 관리하고 전쟁을 방지하기 위한 협정입니다. 종전이 선언되고 나면 그 협정을 관리하던 군사정전위원회도 해체될 수밖에 없지요. 본래는 그 위원회가 공산 측과 유엔 측으로 나뉘어 있었습니다. 1979년엔가 북한은 공산 측에서 중국을 나가게끔 했고, 이쪽은 유엔사가 한 측을 이루고 있습니다.

우리는 그 위원회에 발을 담그지도 못했어요. 1950년 6·25전쟁이 터지자마자 20일도 채 안 된 7월 14일에 당시 이승만 대통령이 한국군 작전지휘권을 맥아더 미군 사령관에게 넘겼습니다. 우리는 아무 힘도 없으니 미국이 알아서 하라고 했던 거죠. 그때 넘어간 작전지휘권이 아직도 돌아오지 못하고 있습니다. 미국이 잘 내주질 않죠. 노무현정부에서 이를 간신히 찾아올 뻔했는데 이명박정부가 그걸 뒤집어버렸고요. 박근혜정부는 핵문제 해결 후에 이에 대해 협의하자고 했어요. 지금 문재인 대통령이 임기 중에 그걸 찾아오겠다고 한 상황이고요.

지금 주한미군은 모자를 두개 갖고 있어요. 그중 하나가 유엔군 모자입니다. 유엔군이라는 명칭은 6·25 당시 한국정부가 유엔에 파병을 요청하면서 생긴 겁니다. 유엔 회의에서 북한을 침략자로 규정하고 군대를 파견하면서 미군이 이곳으로 들어온 것이고요. 정전협정에서도 미군 사령관이 유엔군 사령관을 겸하고 있었기 때문에 협정체결 당사자 란에 유엔군 사령관 마크 클라크(Mark Clark)의 서명이 적혀 있습니다.

정전협정이 해제되면 군사정전위원회를 구성하는 명분상의 핵심조직인 유엔사는 자연스레 해체될 수밖에 없습니다. 미군이 갖고 있던 두개의 모자 중에 유엔사 모자는 더이상 쓰지 못하게 되는 거죠. 지금 한미연합사 사령관은 유엔사 사령관이면서 주한미군 사령관이라고 부르잖아요? 세개의 감투를 동시에 쓰고 있는 겁니다. 유엔사가 없어지면 한미연합사 사령관을 남측이 맡고 부사령관은 미군 장성이 맡는 식으로 조정될 가능성이 있습니다.

이렇게 되면 대북 억지력 중심의 안보 개념은 수정되어야겠죠. 앞으로는 남북 충돌 방지 정도의 군사정책이 통일이 이뤄질 때까지 필요할 겁니다. 서로의 충돌을 방지하면서 남과 북이 손을 잡고 미중러일과의 안보협력을 중심으로 국방정책을 추진해나가야 하리라고 봅니다. 이것은 큰 변화입니다. 사실 법리적으로나 실질적으로 남북이 더이상 군사적으로 적대하지 않아도 되는 상황에서는 지금과 같은 개념을 담은 국방정책이 유지될 수 없거든요. 결국 한미동맹을 기본으로 하면서도 유럽의 안보협력기구인 OSCE(Organization of Security and Co-operation in Europe)처럼 동북아시아에서 집단안보체제를 갖춰야 하지 않겠는가 싶습니다.

김대중 대통령이 퇴임 후 2005년 6자회담이 한참 굴러가고 있었을 때 중국을 방문해서 하셨던 연설 중에 이런 대목이 있습니다. 6자회담을 통해 북핵문제를 해결하고 나면 그 회담의 틀을 해체하지 말고 동북아 평화협력기구로 발전시키자고요. 그 말씀에 대해 중국의 『인민일보』 등에서 무척 높이 평가하는 논평을 냈습니다. 그들이 보기에도 상당히 훌륭한 방안이니까요. 그도 그럴 것이 아무래도 그런 기구가 창설되면 베이징에 본부를 두게 될 테니 중국으로선 나쁠 게 없겠지요.

요컨대 종전선언은 한반도 평화의 입구입니다. 그걸로 시작하여 평화협정까지 체결되고, 북한 비핵화와 북미수교까지 마무리되면 우리 국민들은 더이상 전쟁공포 없는 세상을 살게 될 겁니다. 종전을 선언하면 미군이 철수해야 할 거고, 미군이 철수하면 남한은 공산화되고 말거라는 식으로 겁주는 사람들이 있습니다. 이거야말로 혹세무민이고, 냉전구조 해체와 분단구조 와해가 두려운 분단기득권 세력들의 저항에 불과합니다.

세번째 키워드: 한미공조의 미래

이명박 대통령 임기 1년차였던가요? 당시 대통령의 방미 결과에 따라 한미동맹이 더욱 강화됐다고 정부가 대대적으로 홍보한 적이 있습니다. 확장억제(extended deterrence)만 해도 대단한 건데, "이번 한미정상회담에서 미국으로부터 '더욱 확장된 억제'(extended & extended deterrence)를 보장받았다"고 발표했지요. 이 부분은 언론에 대서특필된 반면, 그 와중에 미국이 한국에 파는 무기의 등급이 올라 우리가 치러야 할 무기의 가격 또한 올랐다는 것은 조그맣게 실렸어요. 비싼 무기를 팔아주는 것이 동맹강화의 속내임을 여실히 드러낸 에피소드이지요. 그래놓고도 이명박정부는 동맹을 강화시켰다고 기뻐했고 마치 무슨 역사적 업적이라도 낸 것처럼 홍보해댔습니다.

'한미공조'는 한미동맹과 비슷한 것 같으면서도 약간 의미가 다릅니다. 한미동맹은 말 그대로 이해하면 되지만, 한미공조는 그 용어의 출생배경과 과정을 보면 꽤나 복잡한 말입니다. 한미공조는 1993년 이후에 생긴 용어입니다. 그전에는 없던 용어예요. 그동안에는 한미동맹 혹은 한미우호라고 불렸는데, 김영삼정부 들어서서 1993년 3월 북핵문제가 터지면서 미국이 남측 몰래 북측과 비밀협상을 시작했어요. 미국이 그런 행동을 잘합니다. 자기네가 필요하면 동맹을 외치고, 달리 해야 할 상황이 되면 얼마든지 우리 몰래 자기끼리 일을 벌이죠.

1993년 북핵문제가 터지자 미국이 북한과 몰래 만나기 시작했다는 사실을 뒤늦게 알고는 김영삼 대통령이 노발대발했어요. 그러면서 북한은 거칠게 다뤄야지 협상으로 달래면 안 된다는 식으로 말하면서 미국을 말리라고 하는데 그게 가능합니까. 당시 외교안보수석이나 외교부장관이 고생을 많이 했어요. 저는 당시 통일연구원 부원장으로 일하다가 청와대 통일비서관으로 불려가서 일을 막 시작한 참인데, 매일 그렇게 대통령이 화를 내니 외교안보수석이 얼굴이 벌개져서 내게 물어

봐요. "정 비서관, 각하가 이렇게 진노하시는데 이걸 어떻게 하면 좋겠어?" "무슨 방법이 있겠습니까. 시간이 지나면 해결되겠죠."

당시에 미국이 내놓은 것이 '한미공조'입니다. "이게 크게 봐서 한국에 유리한 일인데 왜 자꾸 딴지를 거느냐"라는 거예요. '공조'라는 말이 얼마나 듣기 좋습니까. "아니, co-operation이 뭐가 나쁘냐? 이 문제에 관한 한 앞으로도 공조를 강화해나가야 빈틈이 없는 거 아니냐. 빈틈이 없어야 북한을 상대할 수 있다, 북한은 꼭 틈새를 파고드니까…" 그러면서 북한 평계를 대죠. 미국도 말을 잘하더라고요.

한미공조는 이처럼 동북아에서 미국이 자국의 이익을 중심으로 외교정책을 정당화하는 논리로 쓰여왔습니다. 하지만 앞으로 북미수교가 되고 한반도 냉전구조가 마저 해체되면 대미일변도, 대미의존 다시 말해 한미공조 외교도 그 기조를 바꿀 수밖에 없으리라고 봅니다. 왜냐하면 이 한미공조가 북핵문제를 해결하기 위해 일종의 한미 간에 합의된 방법론이었으니까요. 북핵문제가 해결되고 나면 그 출생의 배경에 맞게 이제 생을 마쳐야 하는 거 아닌가요.

대미의존 또는 대미일변도 외교에서 벗어나게 되면 우리는 어떻게 해야 하느냐. 결국 등거리외교로 가야 합니다. 김대중 대통령이 퇴임 후에 우리는 도랑 속에 든 소처럼 외교를 펼치면서 살아야 한다고 하셨어요. "도랑 속에 든 소는 이쪽 둑의 풀도 뜯어먹고 저쪽 둑의 풀도 뜯어먹으며 산다. 우리도 그런 외교를 해야 한다"고요. 한국이 지정학적으로 큰 나라들 사이에 놓여 있으니 그 도랑 안에서 등거리외교를 펼쳐야 한다는 뜻을 담은 말씀이지요.

한반도 냉전구조가 해체되면 남북대결을 전제로 한 국방정책은 설 자리가 없어집니다. 입만 열면 북한에 대해 대남 적화통일 야욕 운운하던 일이 더이상 어려워지는 거죠. 또한 북한이 남한을 군사적으로 공격하고 위협하기 때문에 대북억지력을 위해 필요하다고 해온 한미동맹은 원래 확장 개념이 아니라 방어 개념으로 시작한 것이니 남북관계와 북미관계가 바뀌면 그것의 성격 또한 변화할 수밖에 없습니다. 동맹을 현행대로 유지하기는 어려울 거예요.

그렇다고 주한미군이 나가는 건 아닙니다. 미국은 그렇게 쉽게 나가지 않습니다. 북미수교 했으니 이제 나가라는 말은 북한도 꺼내지 않을 거고요. 그 사람들이 그렇게 바보가 아니거든요. 입으로는 미군 철수를 달고 살지만 실제로는 미국이 나가는 것을 두려워한다고 봐야 해요. 미군이 남쪽에라도 있어줘야 중국이 압록강, 두만강 건너 함부로 군사적인 위협을 가하지 못하거든요. 이것이야말로 이이제이 외교이지요.

통일지상주의자들은 미국만 철수되면 우리가 통일할 수 있다는 식으로 이야기하는데 그건 아닙니다. 미국은 전세계 수십개 나라에 군대를 파견했습니다. 그들이 왜 나가 있는지 생각해보세요. 그 나라를 지켜주기 위해서? 트럼프가 한국을 지켜주기 위해 미군이 나와 있으니 주둔비를 한국에서 내라고 말하는데, 이건 전혀 사실에 부합하지 않아요. 주한미군이 있음으로 해서 미국이 동아시아를 넘어 서태평양 지역에서 얼마나 큰 정치적·경제적·군사적 이익을 확보하고 키워가고 있습니까? 이 전초기지가 물러나면 태평양은, 중국의 시 진핑이 말했듯이 미국과 중국이 나눠 쓸 만큼 충분히 넓기 때문에, 앞으로는 미국과 중국이 나눠

쓰는 바다가 될 수도 있거든요. 그것 때문에라도 한국에서 나가지 않으려 할 겁니다. 용산에서 평택으로 이사해서는 아주 거대한 도시를 새로 건설하지 않았습니까.

네번째 키워드: 사실상의 통일

한반도 냉전구조가 해체되는 와중에 북한은 자신들의 문호를 열기 위해 무척 애를 쓸 거예요. 다만 개방문제 역시 북한이 온전히 혼자서 결정할 사안이 아니지요. 개방하려면 그렇게 한 결과로 돈과 기술이 들어와야 하죠. 즉 외국의 투자가 들어와야 하는데 그러려면 아시아개발은행(ADB)이나 세계은행(WB)의 최대 지분을 가진 미국이 허가해줘야 합니다. 남쪽의 투자는 그 규모로 볼 때 사실 새 발의 피죠. 개도국들은 장기 저리로 차관을 끌고 와 경제를 발전시킨 뒤, 10여년 뒤에는 기존에 빌린 돈보다 가치 면에서 적은 돈을 갚으면서 개발을 벌일 수 있습니다. 이러한 방식의 차관을 제공해줄 수 있는 곳은 ADB나 WB 정도고요. 결론적으로 개방은 북미수교가 전제되지 않으면 사실상 불가능해보입니다.

어려운 문제이긴 하지만 문재인 대통령은 후보 시절부터 남북의 공존공영을 고민해왔습니다. 그렇게 나아갈 수밖에 없다고 본 거고요. 문재인 대통령이 후보 시절부터 내놨던 것이 한반도 신경제지도 구상이라는 것입니다. 한반도 신경제지도 구상은 한국-북한-중국을 서해벨트로 묶고, 남북한-러시아-일본을 환동해벨트로, 마지막으로 DMZ벨트까지 남북협력이 H자 모양으로 형성되는 경제협력 지도를 그리겠다는 취지입니다.

국가정책적으로는 이런 목표를 잡아 추진해나가되, 남북 간 경제격차와 사회문화적 이질화 등은 별도로 손봐야 합니다. 그 격차와 이질화가 통일을 가로막고 있지요. 남북한의 경제격차가 어느 정도인가? 우리가 IMF의 계산으로 3만달러의 1인당 국민소득을 기록하고 있지요. 인구 5000만명에 3만달러면 총 1조 5억달러입니다. 북한은 인구 2500만명, 1인당 국민소득 1600달러이니 총 400억달러고요. 400억달러면 대한민국 2017년 국방비 규모입니다. 그 400억달러 국방비 중에서 100억달러는 미국 무기를 사는 돈이었습니다. 100억달러면 10조인 셈인데 미국무기를 절반만 살 수 있는 국제정서가 조성이 되어 나머지 5조를 교육과 복지에 투자하면 얼마나 좋겠습니까.

어쨌거나 3만달러 대 1600달러, 이러면 '절친'이 될 수 없습니다. 씀씀이가 다르면 도저히 경제적으로 어울릴 수가 없고, 경제적으로 어울리지 못하면 사회문화적으로 같은 물에서 놀지 못합니다. 북한경제가 갑자기 좋아질 수는 없지만 그래도 우리가 마중물을 부어주면 개선된 북미관계를 토대로 외국에서 투자가 들어오고 여러모로 빠른 속도로 경제를 살릴 수 있을 것입니다. 북한은 중국이나 베트남이 했던 것보다 훨씬 빠른 속도로 성장할 수 있는 잠재력을 갖고 있습니다. 개성공단 북한 노동자들에게서 그 가능성을 발견할 수 있었잖아요. 작은 것이지만, 북쪽의 노동자들이 새로운 기술을 습득하고 응용하는 속도가 굉장히 빠르거든요.

통일까지 생각하면서 남북협력을 이뤄내려면, 경제공동체를 우선시해야 합니다. 문재인정부가 한반도 신경제지도 구상을 통해 먼저 경제공동체를 세우려 하는데, 그렇게 나아가면 사회문화공동체를 향해 가는 길이 평탄하고 짧아질 것입니다. 사회문화공동체로 나아가야 정치공동체 또는 군사공동체에까지 이를 수 있습니다. 그 단계에 이르면 하나의 국가라고 이름붙일 수 있을 것입니다.

유럽의 경우 1975년에 시작된 헬싱키 프로세스가 동서 유럽 간의 경제협력으로 시작하여 그것이 나중에 사회문화적 협력, 인권문제 개선으로까지 이어집니다. 결국은 그 협력들을 토대로 미소 간 전략무기 감축협상까지 매듭지을 수 있었습니다. 우리도 그런 쪽으로 남북관계를 전개해나가야 하지 않나 싶습니다.

이처럼 완전한 통일은 당장은 실현하기 어려운 목표이며 이를 위해 차근차근 단계를 밟아가야 함을 인식해야 합니다. 앞서 말한 것처럼 정치적·군사적으로 하나의 국가가 되는 법적 통일(de jure unification)은 일단 뒤로 미루고 사실상의 통일(de facto unification)부터 추진해나가야 합니다. 즉 두개의 국호, 두개의 정부, 두개의 애국가, 두개의 군대를 갖고 남북이 공존하면서 서로 맘 놓고 왕래하는 정도만 되더라도 분단의 고통은 많이 사라질 것입니다. 그것이야말로 '사실상의 통일' 아니겠습니까. '완전한 통일'은 그다음의 일입니다.

정리하자면, 남북이 경제공동체부터 시작하여 사회문화, 정치, 군사공동체로 이어져야 평화통일이 가능합니다. 남측의 현대사를 돌이켜봐도 1960, 70년대에 경제 규모가 커지고 국민소득이 올라가면서 사회문화의 변화가 왔고, 이후 1980년대 들어서야 정치의 변화가 가능했습니다. 중국, 동유럽, 베트남 역시 마찬가지였고요. 북한체제도 이러한 변화를 하나씩 겪을 가능성이 높은데, 그렇다면 통일은 북한체제의 변화와 궤를 같이하면서 일어나는 것이 자연스럽습니다. 결국 통일을 위해서는 남북 경제공동체를 만들 수 있는 정도의 상호 협력관계, 의존관계 구축이 선행돼야 합니다.

다섯번째 키워드: 통일방안

1989년 노태우정부 때 통일부장관은 이홍구 씨였습니다. 정치학 교수 출신이죠. 그분이 아이디어가 많아서, 당시 남북연합(confederation)이라는 개념을 중심으로 민족공동체 통일방안을 생각했습니다. 특히 김대중 당시 야당 총재와 협의해가면서 만든 것이기 때문에 나중에 김대중-노무현 정부가 공히 '이 남북연합 개념에 입각한 민족공동체 통일방안은 대한민국의 통일방안'이라고 인정하기도 했습니다.

남북연합은 학술적으로 연방(federation)과 좀 다릅니다. 국가연합 체제이죠. 국가연합의 대표적 사례는 영연방(British Commonwealth)입니다. 영국과 과거 영국의 식민지였던 국가들이 하나의 협력체제를 형성하여, 가맹국들이 공동으로 합의한 것은 실천에 옮기고 합의되지 않은 것은 각자 알아서 추진하는 방식입니다.

'연방'에 대한 일화 하나 소개하겠습니다. 2003년 12월 노무현정부 당시에 통일부장관으로서 국회 예산결산위원회에 참석한 적이 있습니다. 당시 박관용 국회의장이 일문일답 제도를 도입하여 질문 하나 끝나면 답을 듣고 그다음 질문으로 넘어가는 식으로 틀을 짰습니다. 국회의원이 주무부처 장관들의 답변을 듣고 그 맥락을 파악해야만 또다시 질문할 수 있는 시스템이었죠. 국회의원들이 공부를 해야 질문을 시작할 수 있을 뿐 아니라 까딱하다간 웃음거리가 될 수 있는 제도였습니다. 당시, 이름을 밝힐 수 없는 모 국회의원이 통일부장관을 호출하여 제가 연단에 섰고 다음과 같은 대화가 오갔습니다. 그분이 먼저 이야기했지요.

"6·15 남북공동선언은 폐기해야 합니다." "왜요?" "그 2항에서 연방제를 합의해주지 않았어요?" "연방제가 어때서요?" "그거 공산주의 아니요?" "미국이 연방제입니다." "미국이 무슨 연방제요?"

이거 실화예요.(웃음) 지금 워싱턴에 있는 미국 대통령은 미 연방정부의 대통령입니다. 50개 주에 각 주의 대통령 격인 거버너(governor)가 있습니다. 우리는 주지사라고 부르지만 우리가 생각하는 지방자치체의 지사가 아니라 실은 그 주의 대통령이나 다를 바 없습니다. 연방정부는 워싱턴에 있는 거고요. 그래서 그분께 "백악관이 그 연방정부 수도입니다"라고 했더니 미국이 무슨 연방제냐면서 계속 고함을 지르다가 밖으로 나가버렸어요. 참고로 스위스도 연방이고, 통일되기 전의 서독도 연방이었는데 통일된 뒤에도 연방을 그대로 유지하고 있습니다.

우리는 연방제라고 하면, 북한이 1960년 8·15 당시 남북연방제를 내놓고 1980년 10월 10일 고려민주연방공화국 창립 방안을 내놓았으니까

2018년 2월 10일 청와대에서, 문재인 대통령이 김여정 조선로동당 중앙위 제1부부장과 만나 악수하고 있다. 그들의 배경으로 '통일(通一)'이라는 이미지가 눈에 띈다.

그것이 곧 공산화 흡수통일 방안이라고 생각합니다. 그런 선입견이 우리 머릿속에 꽉 박혀 있습니다. 1980년대까지 우리가 받아온 반공교육의 산물이지요.

김대중 대통령과 김정일 위원장은 2000년 6·15남북공동선언 2항에서 "남측의 '연합제'와 북측의 '낮은 단계의 연방제'가 공통점이 있다고 인정하고 그 방향에서 통일을 지향해 나아가기로 하였다"고 합의했습니다. 남측에서 그것을 노태우정부 때부터 '국가연합'이라고 표현하지 못한 건 그렇게 되면 북한을 하나의 국가로 인정하게 되고 이는 우리 헌법 3조와 배치되기 때문입니다. 영어로는 British Commonwealth를 벤치마킹해서 Korean Commonwealth라고 썼고요.

문재인 대통령이 2018년 2월 10일 청와대를 방문한 김여정 북한 특사와 기념사진을 촬영했던 장면을 기억하십니까? 그 배경화면도 기억나려나요? 그 배경에는 '통할 통'(通) 자에 '한 일'(一) 자가 쓰여 있었어요. 본래의 한자대로 '큰 줄기 통'(統)을 쓰지 않았죠. 그 장면을 보면서 저 배경이 북한에는 상당히 좋은 메시지가 되겠다고 생각했어요. 다시 말해, '당장 통일하려 하지 말자. 당신들도 성급하게 서두를 때가 아니고, 우리 국민들도 바로 통일될 것처럼 착각하지 말자. 이번에 정상회담을 했으니 곧장 군사적 장애를 뛰어넘어 통일로 빨리 나아가자는 식으로 하지 말자'라는 메시지가 담겨 있다고 봤습니다. 남북이 서로 경제적으로 소통하고 협력해가면서 경제는 물론 사회문화적으로도 한 덩어리가 되고 결국 정치공동체·군사공동체가 될 때까지 좀더 서로 기다리자는 메시지가 아니었나 싶습니다.

요약하자면, 지금 단계에선 남북이 경제공동체부터 만들기 위해 노력하고 사회문화공동체까지 형성되면 그것이 곧 通一이고, '사실상의 통일'이라는 겁니다. 정치공동체·군사공동체까지 완성되는 統一 즉 '제도 통일'까지는 시간이 걸릴 겁니다.

Q. 최근에는 남과 북이 통일하지 말고 평화를 유지하면서 따로 살면 어떠냐는 의견들도 많은 것 같아요. 왜 우리가 남북이 통합하는 과정을 하나의 목표로 삼아야 하는지 질문드리고 싶습니다.

독일 통일을 주도한 서독은 동서독 교류협력관계를 선도하면서도 '통일'(Wiedervereinigung)이라는 용어 자체를 쓰지 않았어요. 그 용어를 쓰기 시작하면 독일이 강대해져서 전쟁을 또 일으킬지 모른다는 불안감을 유럽 국가들이 갖지 않을까 우려했던 거죠. 통일 전에 교류할 때에도 영국, 프랑스 등이 권력균형 외교를 통해 자주 견제했거든요. 그래서 통일 전 서독과 동독에서는 우리의 남북관계라는 표현처럼 내독관계(Innerdeutsche Beziehungen)라는 표현을 썼습니다. 부처 이름도 내독관계부였고요.

다시 말해 자신들은 동서독 간의 평화로운 관계만 잘 관리하면 된다는 식이었던 거죠. 언제 될지도 모르는 통일을 목표로 내세우는 것은 비현실적이라고도 했고요. 그런데 독일은 분단된 지 45년 만에 통일이 됐습니다. 반면에 우리는 분단된 지가 벌써 70년이 지났습니다. 그러다보니 역설적이게도 젊지 않은 국민들의 통일에 대한 열망이 상대적으로 강합니다. 젊은 사람들은 통일은 필요 없고 평화롭게 사는 것이 좋다고 생각하는 것 같고요. 사실상의 통일, 通一도 저 멀리 있기는 하지만 분단 직후부터 70년 넘게 입에 달고 살았던 統一을 최종목표로 삼는 통일부의 이름을 갑자기 독일 식으로 남북관계부로 바꾸기도 현실적으로는 어렵고요. 그래서 제가 '사실상의 통일'과 '제도 통일'을 이야기하고 '通一'과 '統一'이라는 개념을 구분하여 설명한 겁니다.

통일 전에 평화를 위해서도 우리는 첫째, 군사적 안보를 안정적으로 관리해야 합니다. 둘째, 경제적으로 번영해야 하고요. 세번째로는 국가로서의 권위를 세워야 합니다. 국가 권위를 확실하게 세울 때에 필요한 것이 통합입니다. 지금은 아무리 고도로 성장하고 경제적으로 부유하더라도 타국에서 우리를 훌륭한 국가라고 인정해주지 않습니다. 반쪽짜리 나라니까. 이것 때문에라도 통일이라는 목표는 포기하기가 어렵다는 생각입니다.

Q. 구한말부터 예를 들어주시면서 자국중심의 외교를 강조하셨는데, 과연 어떻게 해야 우리 중심의 외교가 가능해질까요.

우선 대미의존성을 탈피해야겠다는 의식적인 노력이 필요합니다. 한국정부는 해방 후부터 줄곧 미국이 시키는 대로 해왔어요. 한반도 냉전구조가 해체되고 분단체제가 와해되면 미국이 우리 편만 들어줄 수 없어요. 들어주지도 않을 거고요. 이제부터는 각자의 자기 이익 챙기기에 바빠질 겁니다. 김대중 대통령의 말씀을 기억해야 합니다. 도랑 속의 소처럼 살아야 합니다. 중국 쪽 둑의 풀도 뜯어 먹고 미국 쪽 둑의 풀도 뜯어 먹는 식의 외교를 펼쳐야 한다는 것입니다. 한 나라 일변도의 외교는 벗어나야 해요. 이와 같은 등거리외교가 곧 자국중심 외교를 살리는 출발이고 첩경이 될 것입니다.

이게 말처럼 쉽지는 않을 겁니다. 우리나라 지도자급 정치인들이나 보수언론들은 미-중 등거리외교니 대미일변도 외교 탈피니 하는 말들은 곧 '반미'고 동맹파괴라고 생각할 겁니다. 그런데 동맹은 안보의 한 수단일 뿐입니다. 국가이익을 지키거나 보장하는 외교 방법에 불과합니다. 동맹이 더더구나 국가목표가 되어서는 안 되고요.

그동안 한미동맹이라는 너울 속에서 대미의존 일변도 외교를 펼치면서 한때는 안보도 보장받고 경제발전을 이뤄낸 것도 사실입니다. 그러나 이제는 미국이 자기네 국가이익을 위해 우리한테 무역압력도 가하고 무기를 많이 팔기 위해 북한 군사적 현황도 다소 부풀리는 상황까지 됐습니다. 미국이 자기 실속을 차리느라 바쁜데, 그러면 이제는 우리도 우리 실속을 차려야 할 거 아닙니까? 미국이 절대 대한민국이 되지 않을 것과 마찬가지로, 대한민국이 아무리 미국 비위를 맞추고 매달려도 미국이 될 순 없지 않습니까? 대한민국도 이제 머리가 커졌고 덩치도 커졌으니 제 목소리를 내고 제 힘으로 살아가야지요. 미국이 필요하면 협조하고 중국이 필요하면 중국과도 협조해가면서 경제력에 걸맞게 강소국으로서의 존재감을 과시하면 좋겠어요.

국민들도 이제 이런 데에 눈을 떠야 합니다. 그러기 위해서는 신문·방송에서 나오는 선동적인 보도나 해설을 모조리 진실로 받아들이지 말고, 팩트를 체크하는 노력을 스스로 해볼 필요가 있습니다.

김대중정부 출범 전에 인수위원회가 꾸려졌을 당시 저는 통일연구원 원장으로 있었습니다. 인수위에서 요청이 하나 왔어요. 앞으로 김대중정부가 남북관계를 발전시켜가는 데 도움이 될 만한 좋은 아이디어가 있으면 보고해달라고요.

그때 제가 이야기한 게 북한의 개방에 대한 성급한 기대를 버리자는 거였어요. 그러면서 어떤 논리를 원용했느냐면 중국이 개방할 때 맨 처음에는 해안가 도시 다섯곳만 문호를 열었다는 사실이었어요. 1979년부터 중국이 문을 열었는데, 마치 '점(點)' 하나의 문이 열린 것처럼 그 다섯 도시들만 개방했어요. 그 다섯 도시에서 좋은 성과가 나고 개방 과정에서 생길 법한 여러 부작용을 잘 관리할 수 있겠다는 자신감을 얻고 난 뒤에는 그 옆 도시들을 개방했습니다. 즉 하나의 점에서 선(線)으로 연결되기 시작한 거죠. 그렇다고 해서 해안선 전체가 개방되지는 않았어요. 가다가 끊어지는 식이었지요. 하지만 그런 선들이 연이어 생기면서 나중에는 결국 해안선이 고스란히 개방면-개방공간이 되었습니다.

그 선례를 들어 중국이 개방점, 개방선, 개방면, 개방공간으로 넓히면서 20년 만에 크게 변했다는 점을 이야기했어요. 마찬가지로 북한에 바로 개방하라고 하면 거부감을 가질 테니 처음에는 우리가 접촉점을 늘리자고요. 접촉점을 접촉선으로, 그걸 다시 접촉면으로 발전시키고 접촉면을 자꾸 늘려가면 결국 접촉공간이 넓어집니다. 그것이 바로 개방

256

점, 개방선, 개방면, 개방공간으로 될 수 있도록 유도하는 전략을 써야
한다고 했죠.

　1998년 4월부터는 민간인의 북한방문 승인 조건을 대폭 완화했습니
다. 말하자면 접촉점을 늘리는 거였죠. 그 점이 선으로 면으로 공간으로
확대될 수 있는 정책을 추진하기 시작했습니다. 4월 30일에는 기업의
대북투자 상한선을 기존의 500만달러에서 아예 철폐해버렸습니다. 그
러자 현대가 금강산 관광사업을 하겠다고 밝히면서 1억 5천만달러짜리
사업을 개시하고 나선 겁니다.

　봉쇄정책, 개입정책, 햇볕정책에 두루 참여해본 제가 자신있게 말씀
드릴 수 있는 것은 접촉이 늘어나니 사회문화적 동질성이 자연스럽게
늘어나더라는 겁니다. 경제적인 지원을 통해 그들에게 쌀과 비료를 전

해주니 그들의 마음이 남쪽으로 넘어오더라는 거죠.

여러분, 평화라는 단어를 한자로 머릿속에 그려보십시오. 평(平) 자는 고르다는 뜻입니다. 화(和)는 벼 옆에 입이 붙은 모양입니다. 즉 벼가 입 속으로 들어가는 일이 골고루 펼쳐지면 그것이 곧 평화입니다. 우리가 쌀과 비료를 줄 때 가만히 보면 북한 동포들의 눈빛이 그윽해졌습니다. 1995년 6월에 북한 수해지원으로 쌀을 전달했을 때, 물론 말도 많고 탈도 많았지만, 결국은 북한 사람들이 '아! 남조선이 잘사는구나. 비바람이 몰아치는데 동포가 아니면 누가 우리에게 먹을 걸 주겠는가'라고 이야기하는 걸 들었어요. 그때 바로 '이거다!'라고 생각했습니다.

남북의 마음이 연결되어야만 통일의 구심력이 커지는 겁니다. 통일의 구심력이 커져야 통일이 가능해지고요. 구심력이 커지면 사회문화적 이질성도 빠른 속도로 치유되고 동질성이 커질 수 있습니다. 결론적으로, 어려운 북한을 돕는 것이 남북 주민들의 마음을 연결하는 방법입니다. 경제적으로 서로 돕고 오고가는 동안에 마음이 연결되면서 사회문화적 이질성도 줄어드는 걸 김대중-노무현 정부 10년 동안 남북관계 최일선에서 피부로 느낄 수 있었습니다. 서독이 20년 동안, 정권교체에도 불구하고 동독주민들을 돕고 왕래하더니 분단 45년 만에 통일을 이뤄내더군요. 이와 같은 다양한 사례들을 벤치마킹할 필요가 있습니다.

한반도 특강
2020 대전환의 핵심현안

초판 1쇄 발행 / 2018년 10월 10일

지은이 / 정세현 송민순 이종석 김준형 김동엽 박영자
펴낸이 / 강일우
책임편집 / 윤동희 박대우
조판 / 황숙화
펴낸곳 / (주)창비
등록 / 1986년 8월 5일 제85호
주소 / 10881 경기도 파주시 회동길 184
전화 / 031-955-3333
팩시밀리 / 영업 031-955-3399 편집 031-955-3400
홈페이지 / www.changbi.com
전자우편 / human@changbi.com

ⓒ 정세현 외 2018
ISBN 978-89-364-8631-0 03340

* 본문 사진 출처는 다음과 같습니다. 19, 22, 25, 26, 29, 58, 62, 69, 100, 107, 116, 133, 141,
  154, 189, 192, 232, 237, 251면 ⓒ연합뉴스 / 206면 ⓒAP / Ng Han Guan, Pool.
* 이 책 내용의 전부 또는 일부를 재사용하려면
  반드시 저작권자와 창비 양측의 동의를 받아야 합니다.
* 책값은 뒤표지에 표시되어 있습니다.